초판 발행일	2007년 11월 20일
지은이	이상도
펴낸이	이강민
펴낸곳	2진법영어사
신 고	2003년 6월 16일 제16-3050호
주 소	서울특별시 강남구 역삼동 831 혜천빌딩 708호
전 화	02-568-5568(내선 108, 400)
팩 스	02-568-7776, 0098
이메일	johnsdl@hanmail.net

Copyright 2진법영어사 2007, Printed in Korea

값 8,000원   ISBN 978-89-92835-01-5   03740
무단 복제·전재·발췌를 절대 금합니다.

홈페이지   www.englishcode.com

책 머리에

여러분은 CNN방송을 듣고 Newsweek를 읽으며 영어 영화, 만화, 팝송을 즐기고 외국인과 대화를 하거나 e-mail을 주고받을 수 있는가? 만약 그 대답이 No라면 2진법영어학습법을 시도해 보라.

종래 영어교육은 문법에 치중하므로 실용적인 교육이 되지 않으니 무작정 듣기를 많이 하여 영어회화에 능숙해지자는 주장이 일고 있다. 그러나 그렇게 듣기만 해서 될 일이 아니다. 우리는 원어민이나 영어강사처럼 영어에만 시간을 쏟을 수 없기 때문이다. 우리에게 주어진 시간으로 영어를 정복하려면 확실한 요령이 필요하다. 그 요령이 2진법영어(BDE; Binary Digital English)이다.

BDE의 내용은 간단하다. 문형요소를 P(술언)와 N(체언)의 두가지 요소로 단순화한다. 주어, 목적어, 부사어는 N에, 동사, 보어는 P에 포함한다. 소사는 일부 부사가 되는 예를 제외하고 모두 P가 되고, 전치사구는 대부분 P가 되고 나머지는 N이 된다. BDE는 가장 완벽한 학습방법으로서 문장을 쉽고 재미있고 정확하게 분석함은 물론 통째로 암기할 수 장점을 가지고 있다. BDE는 종래의 영어학습법의 단점을 말끔히 해소하고 최소 시간으로 영어 듣기, 읽기, 말하기, 쓰기 능력을 최대한으로 향상시킨다.

이 책은 50개 키워드의 하나인 ON에 관한 예문을 망라한 것이다.

즉, ON이 그 자체로 문장의 요소가 되는 경우와 명사 등과 결합하여 전치사구를 이루어 문장의 요소가 되는 경우를 다룬다. (ON이 다른 키워드와 결합한 복합전치사구에 대하여는 앞으로 발간될 50키워드 영어 3권에서 다루게 된다).

　BDE에 따라 배열된 ON에 관한 예문들을 부담 없이 읽어 가는 과정에서 간단한 BDE공식이 머리 속에 저절로 자리잡게 된다. BDE는 저자가 현대 첨단 과학의 디지털원리를 응용하여 세계 최초로 발견하고 개발한 것이다. BDE는 영어원어민이 어릴 때부터 모국어를 자연스럽게 체득하는 과정을 보고 착안한 것이다. 이 책은 ON에 관한 숙어는 물론 전반적인 영어실력을 급속도로 level-up 시켜 준다. 이 책을 통해 독자 여러분이 영어의 재미에 흠뻑 빠지기를 기대한다.

2007년 11월 10일 이 상 도

contents

- 책 머리에   3
- 약어와 기호   6
- ON의 모든 것   8

Part 1   on

사람·조직 (18) 신체·정신 (37) 물건 (39)   17
관념·활동 (51) 장소·위치 (61) 시간 (63)
기타용법 (65)

Part 2   on~

~사람·조직 (68) ~ 신체·정신 (96)   67
~사람 짝수형 (114) ~유체물 (122)
~기능·무체물 (149) ~물건 짝수형 (158)
~관념·활동 (162) ~관념·활동 짝수형 (193)
~장소·위치 (199) ~장소·위치 짝수형 (223)
~시간 (225) ~시간 짝수형 (230)
~명사외의 것 (232) ~기타용법 (237)

- 예문출처   245

약어표

N	체언(Nominal) ⇨	subject, object, adverbial
P	술언(Predicate) ⇨	verb, (be) + non-verb predicative
v	동사(verb)	
n	명사(noun) / 대명사(pronoun)	
a	형용사(adjective)	
p	소사(particle)	
pr~	전치사구(preposition phrase)	

문형 및 그 구성부분을 나타내는 기호

NP	Code 1	❶
NPN′	Code 2	❷
NPP′	Code 3	❸
NPN′N″	Code 4	❹
NPN′P′	Code 5	❺
NPP′N′	Code 6	❻
NPP′P″	Code 7	❼

‖   N(Nominal; 체언) 앞에 표시한다. 단, 주어 N은 표시를 생략.
| P(Predicate; 술언) 앞에 표시한다. 단, 의미상 N과 P의 위치가 통상적인 어순과 다른 경우에는 「 또는 」으로 표시한다.
굵은체   구문상 중요한 단어는 굵은체로 나타낸다.
굵은체+밑선   preposition(전치사)/particle(소사)은 굵은체와 밑선으로 2중표시한다.

예
So is」 every Tom, Dick, and Harry.   P」N   ❶」
| | took ‖ the child ‖ **to the park**.   NPN′N″   ❹
It | will bring 「**about** ‖ a good result.   NP「P′N′ 「❺ P′=목적격술어
She | is reading ‖ a book 「**in the room**.   NPN′「P′ 「❻ P′=주격술어

∨	문장 앞에 도치된 요소가 본래 있어야 할 자리를 나타낸다.
	예) **What** do you ǀ know ‖∨‖ **about** him?　∨⇨ What
∩	문장 중에서 공유되는 요소를 가리킨다.
	예) He had **everything** ⟨ his heart ǀ desired ‖∩⟩.
	∩ = everything
[ ]	절(Clause)을 표시한다. 정형절과 비정형절을 포함한다.
[[ ]]	절이 절을 안은 경우를 표시한다
⟨ ⟩	modifier(수식어)를 표시한다
•	part(부속어)를 표시한다.
	예) look • **about**, two feet • **long**
(‖)	수동문의 주어가 전치사의 목적어가 되는 경우 전치사 앞에 표시한다.
	예) I ǀ am waited (‖) **on.**
{ }	연결어를 표시한다.
	예) {and}, {but}

예문 분류 표시

예문 숫자가 적은 경우
◇ 사람 (= 사람 + 집단·조직 + 신체 + 정신)
◇ 사물 (= 물건 + 관념·활동 + 시간 + 장소·위치)

예문 숫자가 중간인 경우

| □ 사람 | □ 물건 | □ 관념·활동 | □ 장소·위치 |

예문 숫자가 많은 경우

□ 사람	□ 집단·조직	□ 신체	□ 정신
□ 유체물	□ 무체물·기능	□ 형상·색채	□ 관념·활동
□ 장소·위치	□ 시간		

※ 유체물이라도 자체가 이동의 대상이 아니라 위치의 기준이 되는 경우에는 장소·위치로 분류한다.
※ 유체물이라도 자체가 이동의 대상이 아니라 그 기능을 나타내는 경우는 무체물·기능으로 분류한다.
※ money의 경우 화폐 자체를 가리키면 유체물, 가치를 가리키면 기능·무체물 또는 관념·활동으로 분류한다.
※ 넓은 의미의 관념은 시간을 포함한다.

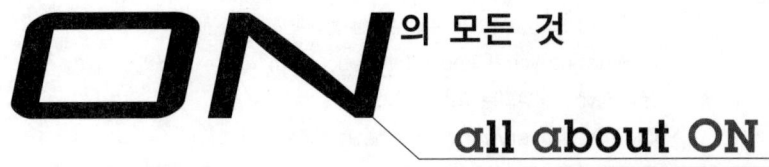

prereference

키워드도 모르고 영어를 한다?

우리나라 영어교육은 철저히 독해 위주이다.

대부분의 한국 사람들이 문어체 영어는(Written English)는 그런 대로 좀 한다고 하지만 구어체 영어(Spoken English)는 아예 포기하고 만다. 이는 키워드에 대한 이해가 제대로 되어있지 않는 데에 그 이유가 있다.

이 말이 의심스러우면 먼저 다음 1항의 각 예문을 해석하고 다음으로 그러한 해석이 나오게 된 이유를 단계별로 말해 보라. 이 두 단계의 답변이 모두 가능한 독자는 굳이 이 책을 읽을 필요가 없다.

1. on이 문장의 술어 (또는 보어)로 사용된 경우

   (1)   Hats on!
   (2)   His jacket was on too.
   (3)   That aptly is put on.
   (4)   It (= the shadow) must be sewn on.
   (5)   His jacket slid on neatly.
   (6)   He drew his boots on.
   (7)   Flinging on some clothes, Merry looked outside.
   (8)   You've got shoes on.
   (9)   You have on a nice necktie.

⑩ Keep your shirt on.
⑪ Popov pinned the badge on.
⑫ She pulled her stocking on.
⑬ Put your hat on.
⑭ Harry shoved them (= his glasses) on.
⑮ Bilbo slipped on his ring.
⑯ Strapping on his rucksack, the hiker set out.
⑰ Jack had thrown on some casual clothes.
⑱ I'd like to try on this sweater.
⑲ He tugged his tunic on.

위 예문에 대한 해석은 이 책 본문 39~43쪽에 나온다.

위 각 예문에 나타난 on의 기본의미는 '붙다' 이며 구체적으로는 '착용하다' 이다. 그러므로 위 예문에 나타난 동사 중 모르는 것이 있더라도 그것이 '착용' 과 관련된 의미를 가지고 있음을 추측할 수 있다.

같은 요령으로 다음 2항의 예문을 해석하고 그러한 해석이 나오게 된 이유를 단계별로 말해 보라.

2. on~이 문장의 술어 (또는 보어)로 사용된 경우

(1) I am on him.
(2) They (= fighters) were on us.
(3) You are always jumping on me.
(4) The huge boy leapt on him.
(5) The judge is picking on him.
(6) When she made her mistake, I pounced on her.
(7) This guy wants to pound on you till you crumble.

(8) Hermoine rounded on him.
(9) The bigger boys used to set on him almost every morning.
(10) From out of the shadows, a lion sprang on me.
(11) Don't start on me.
(12) He turns on the Duke.
(13) The farmers to set the dog on the poor orphan.
(14) The enemy threw themselves on us.

위 예문에 대한 해석은 이 책 본문 71~74쪽에 나온다.
위 각 예문에 나타난 on~의 기본의미는 '~에 붙다'이며 구체적으로는 '~에 공격하다'이다. 그러므로 위 예문에 모르는 동사가 있더라도 그것이 '공격'과 관련된 의미를 가지고 있음을 추측할 수 있다.

키워드가 동사를 선택한다

지금까지 영어를 지배해 온 영문법이론은 중대한 오류를 범하고 있다.

우리나라 사람들이 영어를 잘하지 못하는 가장 큰 이유는 잘못된 이론으로 교육을 받았기 때문이다. 잘못된 이론으로 배우는 학생들이 영어를 제대로 마스터한다는 것은 나무 위에서 물고기를 찾는 것과 같다.

종래 문법이론의 큰 오류 중 하나는 이어동사 개념이다.

종래의 학습방법은 동사와, 키워드(부사+전치사)와 동사의 결합인 이어동사를 무조건 외우라는 것이다. 그런데 동사의 숫사는 5전 개 이상이고 자주 사용되는 것만 해도 수 백 개이다. 종래의 문법서는 동사에 키워드를 결합시켜 이른바 '이어동사(구동사)'라는 새로운 동사를 창조했다. 그런데 키워드는 50개 정도이므로 동사 5천 개와 키워드 50개 중 일부만 결합하더라도 수만 개의 이어동사가 나타나게 된다.

5천 개의 동사에 추가하여 수만 개의 이어동사를 모두 암기한다는 것은 현실적으로 불가능하다. 그러나 이러한 개별 동사의 의미를 모르더라도 역으로 키워드의 의미를 통해 키워드와 결합한 동사의 의미를 알아내는 방법이 있는데 그것이 바로 2진법영어법칙이다. 수 만 개의 이어동사를 외울 필요 없이 50개의 키워드와 2진법영어법칙을 알면 5천 개의 동사의 의미를 파악할 수 있다. 말하자면 5천 개의 동사가 50개의 키워드를 선택하는 것이 아니라 50개의 키워드가 5천 개의 동사 중 일부를 선택하는 것이다.

키워드는 50개에 불과하다.

독자 여러분이 다음의 키워드 50개의 용법을 제대로 이해하고 숙달하면 오히려 구어체 영어가 문어체 영어보다 더 쉽게 익힐 수 있음을 체험할 것이다.

[1] about, [2] above, [3] across, [4] after, [5] against, [6] ahead, [7] along, [8] among, [9] apart, [10] (a)round, [11] as, [12] aside, [13] at, [14] away, [15] back, [16] backward(s), [17] before, [18] behind, [19]

below, [20] beneath, [21] beside, [22] between, [23] beyond, [24] by, [25] down, [26] for, [27] forth, [28] forward(s), [29] from, [30] in, [31] inside, [32] into, [33] (a)like, [34] of, [35] off, [36] on, [37] out, [38] outside, [39] over, [40] past, [41] through, [42] to, [43] together, [44] toward(s), [45] under, [46] up, [47] upon, [48] with, [49] within, [50] without

 키워드의 용법

키워드의 용법은 다음의 세 가지이다.

가. 키워드 자체로만 사용되는 것들(7)
[6] ahead, [9] apart, [12] aside, [14] away, [16] backward(s), [27] forth, [43] together

나. 키워드구의 재료로만 사용되는 것들(11)
[5] against, [8] among, [11] as, [13] at, [21] beside, [26] for, [29] from, [32] into, [34] of, [47] upon, [48] with

다. 양자의 용법에 공통으로 사용되는 것들(31)
[1] about, [2] above, [3] across, [4] after, [7] along, [10] (a)round, [15] back, [17] before, [18] behind, [19] below, [20] beneath, [22] between, [23] beyond, [24] by, [25] down, [28] forward(s), [30] in, [31] inside, [33] like, [35] off, [36] on, [37] out, [38] outside, [39] over, [40] past, [41] through, [42] to, [44] toward(s), [45] under, [46] up, [49] within,

[50] without

키워드 자체로만 사용되는 것들을 모으면 39개이고, 키워드구로 사용되는 것들을 모으면 43개이다. 그리고 이들 키워드끼리 결합하여 수많은 복합키워드구를 만든다.

on about, in at, in for, away from, ahead of, out of, back on, in on, back to, off to, on to, up to, down with, on with, up with...

키워드 및 키워드구의 배열공식

다음에는 키워드의 배열공식을 간단히 설명한다.
오늘날 없어서는 안될 문명의 이기 중 첫 번째로 꼽히는 것은 물론 컴퓨터이다. 그런데 컴퓨터가 사용하는 숫자는 0과 1 두 가지 뿐이다. 컴퓨터는 이 두 숫자를 갖고 문자를 표기하며 계산도 한다. 이를 2진법이라고 부른다. 2진법에서는 0과 1 두 숫자로만 나타내기 때문에 길게 나열하는데 불편하므로 이를 10진법으로 환산하여 사용하게 된다. 즉 1=(01), 2=(010), 3=(011), 4=(0100), 5=(0101) 6=(01100), 7=(0111)이 된다.

2진법영어는 이러한 2진법개념을 영어문형에 적용한 원리이다.
10진법과 2진법의 관계 및 2진법영어문형과 5형식문형의 관계를 보면 대략 다음과 같게 된다. P는 술언(Predicate) 즉 동사(V)와 보어(C)를 나타내고 N은 체언(Nominal) 즉 주어(S), 목적어(O), 부사어(A)를 나타낸다.

❶ N		(0)
❶ N | P	S | V, S | beC	(01)
❷ N | P ‖ N	S | V ‖ O, S | V ‖ A	(010)
❸ N | P | P	S | V | C	(011)
❹ N | P ‖ N ‖ N	S | V ‖ O ‖ O, S | V ‖ O ‖ A	(0100)
❺ N | P ‖ N | P	S | V ‖ O | C	(0101)

❻ N | P | P ‖ N   (0110)

❼ N | P | P | P   (0111)

  이 중에서 ❶형은 두 자리 문장, ❷, ❸형은 세 자리 문장, ❹, ❺, ❻, ❼형은 네 자리 문장이다. 이들 문장들이 종속적 또는 병렬적으로 결합하면 복문 또는 중문을 이루게 된다

  홀수형 구문은 예외가 거의 없는 아주 정연한 법칙에 따라 전개된다. 이에 비해 짝수형 구문은 홀수형을 제외한 나머지 문형으로 홀수형보다는 상대적으로 낮지만 나름대로 상당히 일관된 법칙에 따라 전개된다.

  위 배열공식을 알면 문장 간의 관계를 정확히 이해할 수 있고 문장에서 문법상 문제가 없는지 자동적으로 검증할 수 있다. 긴 문장도 잘게 쪼개어 구글에 넣어 보면 실제 사용되는 문장인지도 검증할 수 있다.

  끝으로 위에서 본 문형 외에 다섯 자리 문형(❽~❻형)도 있으나 그 예는 매우 드물어 1% 미만에 불과하다. 이 책에서 참고로 다섯 자리 문형의 예문도 소개하고 있으나, 초보자께서는 혼란을 피하기 위해 네 자리 문장까지 숙달된 후에 활용하기를 바란다.

⑧ N ∣ P ‖ N ‖ N ‖ N   (01000)

⑨ N ∣ P ‖ N ‖ N ∣ P   (01001)

⑩ N ∣ P ‖ N ∣ P ‖ N   (01010)

⑪ N ∣ P ‖ N ∣ P ∣ P   (01011)

⑫ N ∣ P ∣ P ‖ N ‖ N   (01100)

⑬ N ∣ P ∣ P ‖ N ∣ P   (01101)

⑭ N ∣ P ∣ P ∣ P ‖ N   (01110)

⑮ N ∣ P ∣ P ∣ P ∣ P   (01111)

● | **ON의 기본의미는 '붙다'이다.** |

이미 위에서 본 바와 같이 ON의 기본의미는 '붙다'이다.

영어사전에는 on에 대해 다양한 의미를 열거하고 있지만 결국은 '붙다'라는 기본의미에서 귀착된다. 이 책은 키워드 중 하나인 ON에 대한 모든 유형의 예문을 2진법으로 정리한 것이다.

on이 술어로 사용되는 경우, 단계별로 붙기 전 및 붙는 순간에는 '접근/공격/도전/접대/지향/방문' 등으로 시작의 의미로 나타나고, 붙은 후에는 '부착/접촉/소지/탑승/착석/감시/집중/조화/의존/속임/부담(비용/비난/책임)/기재/보관/수용/고용/동조' 등의 계속의 의미로 나타난다.

on이 명사 등과 결합하여 구로서 사용되는 경우에도 기본적인 의미는 '…표면에 붙다'이다. 벽에(on the wall) 걸려 있거나 천장에(on the ceiling) 붙어 있거나 벽면이나 천장면에 접촉되어 있을 때는 on을 쓴다. 우리나라 영어책에서 on the desk를 '책상위에'라고 번역하는 경우가 많은데 오해의 소지가 많으므로 차라리 '책상에'라고 번역하는 편이 낫다.

'붙다'라는 의미에서 몸에 옷을 「입다」가 되며, 나아가서 동작이 이어진다는 뜻으로「계속하여」, 그리고 전기 · 수도 · 가스가 「통하다, 켜지다」 등 비유적인 뜻으로까지 용법이 갈라진다.

이 책은 키워드 중 하나인 ON에 대한 모든 유형의 예문을 2진법으로 정리한 것이다. 이 책에 수록된 각 예문은 주로 영화, 만화, 소설, 팝송, 학습지 등에서 현장감 있고 요긴한 것을 골랐다. 이들 예문만 숙달하면 영화, 팝송, 만화, 소설, 시사잡지를 모두 즐길 수 있다. 국내외의 사전류와 학술서 중에서도 상당수의 예문을 인용하였다.

인용출처 문헌은 책 말미에 별도로 표시되어 있으며 근거는 (　) 안에 약자를 사용하여 표시했다. 유사 예문은 (#)로 간접 인용의 취지를 나타냈다. 각 예문에 대해서는 2진법 분석 및 어순에 따른 직역이나 필자의 취향에 맞추어 번역하였으므로, 인용문헌이 표시된 것은 그 문헌에서 다양한 역문을 접할 수 있다.

위 예문들의 2진법분석을 통해, 여러분은 지금까지 문장의 구조에 대해 아무 생각 없이 막연히 접하였던 예문들이 자신의 머리속에 '저절로 저장되는 신기하고 통쾌한 경험'을 맛볼 수 있다. 이 책의 예문 외에도 독자 여러분이 영어사전이나 일반 서적을 통해 직접 발견한 ON에 관한 예문을 2진법에 따라 이 책 여백에 추가해 나간다면 여러분의 영어실력은 더욱 탄탄하게 향상될 것이다.

on

PART 1

사람·조직 (18)   신체·정신 (37)   물건 (39)   관념·활동 (51)
장소·위치 (61)   시간 (63)   기타용법 (65)

사람 · 조직

[사람 1] 접근/도전

(접근/도전)

❶   He ｜ was **on**.
그가 ｜ 접근 ｜ 도전했다.

(come on)

❸   ｜ Come ｜ **on**, Mary!
메리야, 이리 가까이 온!(MSN)

❸   Daddy, will you ｜ come ｜ **on** {and} finish the story?
아빠, (내게) 가까이 와서 이 이야기마저 읽어 줄래?(K&K79)

❸   Sam ｜ came ｜ **on** (Shelob).
샘이 ｜ 들었어 ｜(괴물에) 달려.(2LR383)

❸」 **On**」 he ｜ came.
다가 (공격해)」 그가 ｜ 왔어.(2LR302)

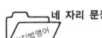

(bring on)

❺   ｜ Bring ‖ them ｜ **on**.
｜ 데려와 ‖ 그들을 ｜(내게) 붙게 (덤비게).(NW)

(take on)

❺   ｜ Don't take ‖ me ｜ **on**.
내게 싸움 걸지마.(ECD152)

❺   I ｜'d take ‖ you ｜ **on** (any time on my own).
난 ｜ 하겠다 ‖ 네가 ｜[(언제든 나 혼자와) (경기) 붙도록].(1HP153)

[❺] He tried [| to take ‖ me | **on**].
그는 [내가 (그에게) 덤비라고] 했다.(SK)

「❺ Are you | willing to take 「**on** ‖ the champion?
너 챔피언과 대전할 작정이니?(EPV434)

「❺ Samsung, | takes 「**on** ‖ Sony.
삼성, 소니에 도전하다.(NW)

[「❺] You're afraid of [| taking 「**on** ‖ Alcatraz].
당신은 [알카트레즈와 대결하는 것을] 겁낸다.(MFD99)

[사람 2] 접근/등장

두 자리 문장

(접근/등장)

❶ You | are **on**.
너 | 등장 방송차례야.(EJD)

[❶] The radio announcer told us [we | were **on**].
라디오 아나운서가 우리에게 [우리가 방송 중이라고] 말했다.(MSN)

❶ You | 're **on** in (five minutes).
(5분 있으면) 무대에 나갈 차례입니다.

세 자리 문장

(come on)

❸ I hit the refrigerator { when } she | comes | **on** (TV).
그녀가 (티비) 나오{면} 나는 (싫어서) 냉장고를 두들긴다.(UC&P)

❸ Wayne Newton | came | **on** 〈 next 〉.
뉴톤이 | 되었어 | (무대에) 등장하게 〈 다음으로 〉.(Ins376)

❸ The Prime Minister | has just come | **on** (the line).
수상이 | 방금 되었어요 | (전화에) 연결.(EPV364)

(go on)

❸ I | go | **on** (in the middle of the second act).

나는 | 된다 | 등장하게 (2장 중간에서). ( ) 포함되면 ❼형

(bring on)

[「❺」] It's time [| to bring 「on ‖ the clowns]. The audience will love it.
이제 광대들을 등장시켜야지. 관객들은 좋아할 거야.(NQE)

(leave on)

❺ Many viewers | leave ‖ him | on (all night for comfort).
많은 시청자가 | 둔다 ‖ 그를 | 방영상태로 (밤새 오락차).(TS10)

(put on)

❺ | Put ‖ him | on (the stand).
| 놓아라 ‖ 그를 | (증언대에) 붙여.(RM530) *증언시켜라.

❺ Okay, | put ‖ him | on (the phone).
좋아, | 해라 ‖ 그를 | (전화에) 연결.(EXO822)

A : May speak to Mr. Miller, please?
밀러 씨 바꿔주시겠어요?

B : ❸ | Hold | on (a moment please).
(잠깐) 기다리세요.

❺ I | 'll put ‖ him | on (right away).
(즉시) 바꿔드릴게요.(ECD656)

[사람 3] 취업/고용

(취업/고용)

❶ He | 's been on (for five years here).
그는 | 일해왔다 (여기서 5년간).

❶ I | 'm on now { till } 8 tomorrow morning.
난 | 지금 일해 내일 아침 8시{까지}.(OAD)

❶ Look, Lana, you | 're **on**.
이봐, 라나, 네가 | 맡아.(DHV32)

(get on)

❸ How are you | getting | **on**?
어떻게 너는 일하고 지내니?

(take on)

[❸] I don't think [anybody | has been taken | **on** (in the last three years)].
난 생각지 않아 [누구도 고용된 적이 있다고 (과거 3년간)].(5HP662)

(get on)

❺ I | got ‖ him | **on**.
나는 | 주었다 ‖ 그를 | 채용해.

(sign on)

[❻] Our company was lucky [| to be able to sign ‖ Ted | **on**]. He's a great lawyer!
우리 회사는 테드를 고용할 수 있어서 운이 좋았다. 그는 훌륭한 변호사이다!(EID781)

(take on)

❻ Professor Dumbledore | took ‖ us | **on**.
덤블도어 교수가 | 했어 ‖ 우리를 | 고용.(4HP330)

❻ The company | took ‖ him | **on**.
회사가 | 했어 ‖ 그를 | 고용.(SMV130)

「❻ I | 've taken 「**on** ‖ a young missionary.
난 | 했어요「고용 ‖ 젊은 선교사를.(OOA130)

(take on)

⓮ He | got | taken | **on** ‖ by Pride of Portree.

그는 | 됐어 | 취해지게 | 채용되어 ‖ PP 팀에게.(5HP557)

[사람 4] 탑승

(탑승)

❶ He | is **on** (the bike)! "He can ride!"
그는 | (자전거에) 붙어있다. 그는 탈 수 있어.(A Magic Box)

❶ " | **On,** | **on,** get on–"
"타라, 타라, 타거라–"(5HP524)

(get on)

❸ The bus arrived { and } we | got | **on**.
버스가 도착하여 우리는 | 되었다 | (차에) 붙게. *차에 타다.

❸ "On, on, | get | **on**–"
"타라, 타라, 타거라–"(5HP524)

[❸] Here comes a street car. Let's [| get | **on**].
전차가 옵니다. 탑시다.

A : Get up here, Mike. And get on the bike.
일어나, 마이크. 자전거에 타라.

B : ❸ He | can get | **on**. He can ride.
그는 | 있을 수 있다 | (자전거에) 붙어. 그는 탈 수 있어.

A : ❶ He | is **on**! He can ride!
그는 | 붙어 있어. 그는 탈 수 있어.(A Magic Box)

(let on)

❺ | Don't let ‖ him | **on** (the bus)!
| 하지 마라 ‖ 그를 | (차에) 붙게!(Spe52) *태우지 마라.

[❺] Ron stood back [| to let ‖ him | **on**].

론은 [그가 (기차에) 타도록] 뒤로 물러섰다.(3HP74)

(take on)

「⑤　We ｜ can't take 「on ‖ any more passengers.
우린 ｜ 할 수 없다 「붙게 ‖ 더 승객을.(NQE) *더 태울 수 없다.

[사람 5] 말하기

(말을 시작/계속하기)

❶　She ｜ is **on**.
그녀는 ｜ (말을) 시작 ｜ 계속한다.

(chatter)

❸　Miss Woodhouse lets me [｜ chatter ｜ **on**].
우드하우스 양이 나를 [계속 이야기 하게] 한다.(Em133)

(get)

❸　｜ Do get ｜ **on**.
｜ 해라 ｜ 계속 이야기.(CN362)

(go)

❸　He ｜ went ｜ **on**:
그는 ｜ 했다 ｜ (말을) 계속:

❸　My, you ｜ do go ｜ **on**.
이런, 넌 달변이야.

(rave on)

[❸]　Let him [｜ rave ｜ **on**].
그를 [계속 지껄이게] 하라.(TC115)

(run on)

❸　Once Liz starts talking, she ｜ runs ｜ **on** (for hours).
리즈는 일단 말을 시작하면 그녀는 ｜ 한다 ｜ 계속 (몇 시간).(EPV395)

(talk on)

❸　　He ｜ talked ｜ **on**.
　　　　그는 ｜ 말했다 ｜ 계속.(Em96)

(tell on)

❸　　　｜ Tell ｜ **on**.
　　　　｜ 말해라 ｜ 계속.(CN717)

(go)

❻　　He ｜ went ｜ **on**: ‖ "What comes out of a man is what makes him 'unclean'."
　　　　그는 ｜ 했다 ｜(말을) 계속, ‖ "사람에게서 나오는 것이 그를 더럽게 하는 것이다."(Mk7:20)

❼　　He ｜ went ｜ **on** ｜ talking.
　　　　그는 ｜ 했다 ｜ 계속 ｜ 얘기를.

❼　　He ｜ went ｜ **on** ｜[talking about his accident].
　　　　그는 ｜ 했다 ｜ 계속 [사고에 대해 얘기하기].

❼　　He ｜ went ｜ **on** ｜[to talk about his accident].
　　　　그는 ｜ 했다 ｜ 시작 [사고에 대해 얘기하기].

(keep on)

❼　　He ｜ kept ｜ **on** ｜[preaching in the synagogue of Judea].
　　　　그는 ｜ 했다 ｜ 계속 [유대 회당에서 가르치기]를. (Lk4:44)

(let on)

❺　　He ｜ let ‖ her ｜ **on**.
　　　　그는 ｜ 했다 ‖ 그녀가 ｜ 말하도록.

(ramble on)

⓮　　He ｜ sometimes rambles ｜ **on** ｜ like an old man ‖ **about** the old days.
　　　　그는 ｜ 두서없이 이야기 한다 ｜ 계속 ｜ 노인처럼 ‖ 옛날 일들을.(EPV395)

[사람 6] 이동

(이동/전진)

❶ | **On**, | **on**.
| 계속 전진!

❶ | **On**, lad! **On!**
| 전진, 애들아! 전진!(3LR311)

❶ 'Come!' cried Frodo. '**On! On!**'
'오너라!' 프로도가 외쳤다. '가자! 가!'.(2LR375)

❶ We | must be miles • **on** (before dusk).
우리는 | 수마일 계속 가야해, 해지기 전에.(Ho96)

❶ Well, I | 'm a lot further • **on** than I was...
응. 난 | 전에 보다 더 진전되었어.(4HP405)

(get on)

❸ Can't we | get | **on**?
우리 | 할 수 없니 | 전진?(2LR262)

(go on)

❸ She | went | **on**.
그는 | 갔어 | 계속해.

❸」 Now **on**」 we | go!
자 다시」 우리는 | 가!(2LR262)

❸ | Go | straight **on**.
| 가라 | 곧바로 계속.

(labour on)

❸ Slowly they | laboured | **on**.
천천히 그들은 | 힘들게 | 전진했어.(2LR354)

(lead on)

❸ " | Lead | **on**, Slave," said the Witch to Uncle Andrew.

"앞장 | 서라, 노예," 마녀가 안드루 외삼촌에게 말했다.(CN52)

(move on)

❸ | Move | **on**. | Move | **on**.
| 이동해 | 계속.(BH22)

〈❸〉 It | 's time 〈| to move | **on** 〉.
지금은 〈 이사할 〉 때이다.

(pass on)

❸ | Please pass | **on**.
| 지나가요 | 계속.

(plod on)

❸ All day and all night, the soldiers | plodded | **on**.
밤낮으로 병사들은 | 무거운 발걸음으로 행군을 | 계속했다.(EPV394)

(travel on)

❸ They | had travelled | **on** (for weeks and weeks).
그들은 | 여행했다 | 계속하여 (수십 주간).(CN216)

(trudge on)

❸」 **On**」 they | trudged (again).
계속하여」 그들은 | 터벅터벅 걸었다 (다시).(CN372)

(walk on)

❸ They | walked | **on**.
그들은 | 걸었다 | 계속.(Em68)

(beckon on)

[❺] He turned back [| to beckon ‖ them | **on**].
그는 돌아보았어 [그들을 전진하라고 손짓하기 위해].(2LR354)

(hurry on)

❺ I | 've hurried ‖ him | **on** 〈 so 〉.
내가 서둘러 그를 전진하게 했다.

(lead on)

❺ A pale light | was leading ‖ them | **on**.

창백한 불빛이 | 인도했어 || 그들을 | 전진하게.(Ho64)

(send on)

❺   Emma | having sent || the child | **on**, she was beginning....
엠마는 | 보낸 다음 || 그 아이를 | 계속 가도록.... 시작했다.(Em70)

(waver on)

❺   The guard | wavered || him | **on**.
경비원이 | 손짓했어 || 그를 | 진행하라고.(PatG214)

[사람 7] 기타 활동시작

(기타 활동시작)

❶   All right, gentlemen, we |'re **on**.
자, 여러분, 우리 | 시작하지.(Ind98)

❶   The bands | are **on** (in ten minutes).
밴드는 | (연주를) 시작한다 (10분 후).(OAD)

❶   Two runners | are **on**.
두 주자가 | 홈에 들어와 있다.

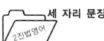

(bring on)

❸   The substitutes | were brought | **on**.
후보 선수들이 | 데려와 졌다 | 경기하도록.

(get on)

❸   Oh, is it 11 already? | | must get | **on**.
벌써 11시냐? 이만 가야겠는데.

[❸]   Let's [| get | **on**].
이제 우리 [시작하세].(Ho22)

(go on)

❸　The night shift │ goes │ **on** (at 10p.m).
　　야근조는 │ 한다 │ 작업을 시작 (오후 10시에).

(move on)

[❸]　Get over it. Let's [│ move │ **on**].
　　그건 잊어버려. 우리 [앞일만 생각하도록] 하자.

 네 자리 문장

(bring on)

[「❺」]　They had to keep [│ bringing 「**on** ‖ the substitutes].
　　그들은 유지해야 했어 [│ 데려오는 것을 「경기하게) ‖ 후보 선수들이].
　　*후보선수들이 뛰도록 계속 데려와야 한다.(1HP169)

(get on)

[❼]　There is no way [the company │ get │ **on** │ without Paul].　이 회사는 [폴 없이는 계속 꾸려나갈] 방법이 없다.(EPV397)

(go on)

❼　He practiced the piano and │ went │ **on** ‖[to practice the violin].
　　그는 피아노를 치고 계속하여 [바이올린 연습을] 시작했다.(EPV396)

(have on)

❺　They │ had ‖ two men │ **on** { when } he hit the home run.　그가 홈런을 칠 { 때 } 그들은 두 주자를 가지고 있었다.

(leave on)

❺　The team │ had left ‖ three runners │ **on.**
　　그 팀은 │ 남겨두고 있다 ‖ 세 주자를 │ 달리도록.(MSN) *야구

[사람 8] 기타 활동계속

(기타 활동계속하기)

❶ | **On,** | **on.**
계속해! 자 (좀더) 힘내!

❶ She | is **on.**
그녀는 | 계속한다.

(carry on)

❸ | Carry | **on.** You're doing great.
| 해라 | 계속. 넌 잘하고 있어.

❸ They | couldn't carry | **on.**
그들은 | 할 수 없었어 | 계속.

(catch on)

❸ She | was catching | **on.**
그녀는 | 잡고 있다 | 붙어. *감을 잡다. 이해하다.

(cling on)

❸ | Cling | **on!**
| 붙어있어라 | 계속!

(dream on)

❸ | Dream | **on.**
| 꿈이나 꿔라 | 계속.(ECD952) *꿈같은 얘기다.

(get on)

❸ | Just get | **on!**
| 꼭 해라 | 잡고 버티도록!

(go on)

❸ | Go | **on!**
| 해라 | 계속!

[❸]　It's hard for me [| to go | **on**].
　　　나는 [살아가기가] 힘들어요.(ECD314)

(hang on)

❸　　| Hang | **on**! I'll be there soon!
　　　매달려 (기다려)! 곧 갈게!

(hold on)

《❸》　I'm 〈 just too 〉 sleepy 〈| to hold | **on** 〉.
　　　난 |〈 너무 〉졸려〈 참을 수 없어 〉.(ECD1184)

A :　May I speak to Mr. John, please?
　　　존 씨와 전화하고 싶은데요?

B :　❸| Hold | **on** { while } I transfer your call.
　　　전화 연결할 동안 기다리고 계세요.(TEPS)

(hurry on)

❸　　| Please do not hurry | **on**.
　　　| 서두르지 말아요 | 계속.(TLP111)

(keep on)

❸　　| Keep | **on** { as } you began.
　　　| 해라 | 계속, 시작할 때 { 처럼 }.

(live on)

❸　　We |'re going to live | **on**.
　　　우리는 | 살아 갈 것이다 | 계속.

(play on)

❸　　The teams | played | **on** (amidst the pouring rain).
　　　양 팀은 (한창 비가 쏟아지는데도) 경기를 계속 했다.(EPV395)

(read on)

❸　　If you like a good story, | read | **on**.
　　　네가 좋은 이야기를 좋아하면, 읽어라 | 계속해.(OAD)

(sleep on)

❸　　Sid | slept | **on**.
　　　시드는 | 잤다 | 계속.(ATS82)

(snort on)

❸　　Sid | snorted | **on**.

시드는 | 코골았다 | 계속.(ATS82)

(soldier on)

❸   We all | bravely soldiered | **on**.
       우리 모두는 | 용감하게 끝까지 | 계속했다.(EPV395)

(stay on)

❸   He | stayed | **on**.
       그는 | 머물렀다 | 계속.(CED)

(work on)

❸   He | worked | **on** (without a break).
       그는 | 일했다 | 계속 (휴식 없이).(OAD)

❸   He | worked | **on** 〈 quietly 〉.
       그는 | 일했다 |〈 조용히 〉계속.

네 자리 문장

(drive on)

❺   The laborer's hunger | drives ‖ him | **on**.
       노력하는 자는 식욕을 위해 계속 애쓴다.(Pr16:26)

(go on)

❼   He | went | **on** |[playing the violin all night].
       그는 | 했다 | 계속 |[밤새 바이올린 연주를].(EPV396)

(keep on)

❼ | Keep | **on** | working.
       | 해라 | 계속해서 | 일.

(urge on)

❺   The foreman | urged ‖ his workman | **on**.
       십장은 | 채근했다 ‖ 일꾼들을 | 일하게.

[사람 9] 동조

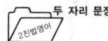

(찬성/수락/동조)

❶ I | 'm **on**!
　　난 | 좋다! 찬성이다!

❶ You | 're **on**.
　　네 | 내기 (a bet) 수락한다.(OAD)

❶ 'You | are **on**,' he said, 'come here.'
　　'너 (생각대로) | 해.' 그가 말했어, '이리와.' (4HP551)

❶ There is a party tomorrow night. Are you | **on**?
　　내일 파티가 있어. 너 | 오니?

(catch on)

❸ He | didn't catch | **on** at first.
　　그는 | 하지 못했다 | 이해, 처음에는.

A : How's my son in arithmetic?
　　내 아들 산수는 어떻습니까?

B : ❸ He | catches | **on** very quickly.
　　　　아주 빨리 터득합니다.(TEPS)

(egg on)

[❸] You seem [| to be egging both teams | **on**].
　　넌 [양쪽 팀 모두를 응원하고 있는 것] 같군.(ECD217)

(get on)

❸ You two | get | **on** 〈 beautifully 〉.
　　너희 둘은 | 지내는 군 | 서로 잘 어울려.

[❸] The host fears [the guests | won't get | **on**].
　　주인은 [손님들이 서로 잘 어울리지 않을 거라] 걱정한다.

(let on)

❸ I | won't let | **on**.

난 그런 척 하지 않을 거야.(GWW185)

(sign on)

❸   Against my better judgment, I | signed | **on**.
내 양식에 어긋나게, 나는 | 서명했다 | 찬성하여.(Bre298)

(beckon on)

❺   'I agree with you,' said Weasley quickly, | beckoning ‖ her | **on**.   '난 동의해,' 위즐리가 급히 말했다, 그녀를 부추기면서.(4HP125)

(call on)

[❺]   The opposition | called 「**on** ‖ the ruling party (to stop the ongoing investigation).
야당은 | 불렀다 「동조하라고 ‖ 여당이 (현재 진행 중인 수사를 중단하는 것에).(NQE)
*요구하다.

(cheer on)

[❺]   By [| cheering ‖ your champion | **on**], you will contribute in.   [그를 격려함] 으로 너희들은 무언가 공헌할 것이다.(4HP238)

[❺]   The job of parents at children's sporting event is [| to cheer ‖ them | **on**].
아이들의 운동시합을 관전하는 부모들이 할 일은 [그들을 응원하는 것]이다.(EXD259)

(egg on)

❺   The naughty boy | egged ‖ his friends | **on** (to steal).
그 못된 애는 | 부추겼다 ‖ 친구들을 | (도둑질) 하도록.(EPV209)

❺   Jason didn't want to come skydiving with us, but we | egged ‖ him | **on** { until } he agreed.
제이슨은 우리와 스카이다이빙을 하러 가고 싶어하지 않았지만 그가 가겠다고 할 때{까지} 부추겼다.(EID)

❺   Ron | egged ‖ him | **on** (with vigorous nods).
론은 | 격려했다 ‖ 그를 | (고개를 끄덕이며) 하도록.(3HP150)

(goad on)

❺   I | goaded ‖ Rameses | **on**.

내가 | 선동했어 ‖ 람세스를 | 계속하게.(POE)

(have on)

❺   You | are having ‖ me | **on**.
    너는 | 가지고 있군 ‖ 나를 | 붙여. *갖고 놀다, 농담하다.

(lead on)

❺   He | was just leading ‖ me | **on**.
    그는 | 유도하고 있었다 ‖ 날 | 붙게. *속이다.(GWW86&ECD1131)

(put on)

❺   You | are putting ‖ me | **on**, aren't you?
    너는 | 놓고 있다 ‖ 날 | 붙여. *속여먹다 / 갖고놀다 / 농담하다.(ECD963)

⌈❺   Would I | put ⌈**on**⌋ ‖ you?
    내가 | 놓겠니 ⌈(나 한테) 붙여 ‖ 널? *속여먹다 / 갖고놀다 / 농담하다.

A :   I have fifteen children.
      난 15명의 자녀가 있어.

B :   ❺ You | are putting ‖ me | **on**.
      농담이겠지.(EXD159)

(take on)

❺   Jim wanted to bet on the ball game, and I | took ‖ him
    | **on**.   짐이 야구게임에 돈을 걸고 싶어해서 그러라고 했다.(EID864)

● [사람 10] 고조

(고조/도취)

❶   He | is now slightly **on**.
    그는 | 지금 약간 취했어.

❶   He|'s almost always **on** (Thursday). (= is in a great
    mood).   그는 | (목요일이면) 거의 항상 기분이 고조된다.(Ins71)

❶   When she |'s **on**, no other tennis player is half as good.
    그녀는 | 최상의 컨디션일 때, 다른 정구선수는 반도 못 따라간다.

❶ The goalie | is really **on**.
그 골키퍼는 | 진짜 잘하고 있다.

❶ A minister | is always **on**.
목사는 | 항상 근엄하게 행동한다.

❶ Around close friends, one | doesn't have to be **on** (every minute). 친한 친구들과 있으면, (내내) 싹싹해야 할 필요는 없다.(MSN)

(come on)

[❸] He started [| to come | **on**], I felt disgusted and left.
그가 [가까이 와 치근거리기] 시작했다. 난 역겨워 자릴 떴지.(NQE)

(turn on)

❸ I | was turned | **on**.
나는 | 되었다 | 붙게. *성적 흥분을 의미

❸ I | 'm not turned | **on**.
나는 | 되지 않았다 | 붙게.(ECD541) *관심이 없다.

❸ Olive | is really turned | **on** (by astronomy).
올리브는 | 정말로 돌려져 있다 | (천문학에) 붙어 (빠져).(EID929)

(bring on)

[❺] Hey, stop trying [| to bring || Kelly | **on**], she might leave! 켈리한테 추근대지 좀 마. 가버리면 어쩌려구!(NQE)

(take on)

❺ | Take || me | **on**.
나를 네게 붙여줘. *좋아해 줘.

(turn on)

❺ She | turns || me | **on**.
그녀가 | 했다 || 날 | 성적으로 자극.

❺ You | turn || them | **on**. Leave them burning.
너는 | 하는 군 || 그들을 | 흥분케. 그들을 불타게 하는군.

❺ Your sexy dress | turns ‖ me | **on**.
네 섹시한 옷이 나를 사로잡아.

❺ Math | really turns ‖ me | **on**.
수학은 나를 정말로 사로잡아.

❺ Music like that | turns ‖ a lot of people | **on**.
저런 음악은 많은 사람들을 도취시킨다.(EPV518)

❺ Whatever | turns ‖ you | **on**.
너만 재미있다면 그것으로 족하다. *속어

❼ I | got | turned | **on**.   나는 | 됐어 | 하게 | 붙어 (흥분).
(urge on)

❺ The thought of the pursuer | urged ‖ her | **on**.
추격자에 대한 생각이 | 했다 ‖ 그녀를 | 붙게 (조급하게).(UTC38)

신체 · 정신

[신체] 부착

(부착)

❶   Both buttock | still **on**?
    양쪽 엉덩이 | 아직 붙어있니?(5HP55)

❶   "Hands | **on**?" Harry said.
    "실제 연습이라구?" 해리가 말했다.(2HP103)

❶   You can be assertive {and} hands | **on**.
    너는 단호하고 적극적일 수 있어.

(come on)

[❸]   I felt the sharp pain [| coming | **on** again]. My whole body was trembling.
      나는 날카로운 고통이 [다시 붙어 옴을] 느꼈어. 온몸이 떨리더군.(NQE)

(call on)

「❺   The weightlifter | called 「**on** ‖ all his power.
      그 역도 선수는 | 불러 「냈다 ‖ 모든 힘을.(EPV324) *짜내다.

(keep on)

❺ | Keep ‖ your hair | **on**.
    | 둬라 ‖ 머리칼을 | 붙여. *화내지 말라, 침착하게 굴라(CN569)

(make on)

❺   What | makes ‖ that frontlet | **on**?
    무엇이 이마에 주름살을 짓게 만드니?(KL)

PART 1 - on   37

(put on)

「❺　She│'s putting 「**on** ‖ weight.
　　그녀는 │ 있다 「늘고 ‖ 체중이.

「❺　You │ put 「**on** ‖ a lot of weight this winter.
　　넌 │ 되었다 「늘게 ‖ 체중이, 이 겨울에.(EXD80)

● [정신] 부착

(부착)

❶　Your spirit │ is **on**.
　　네 정신이 │ 고양되어 있다.

(lead on)

❸　My spirit │ is led │ **on**.
　　나의 정신이 │ 인도된다 │ 고양되게 (깨어있게).

(lead on)

❺　You │ lead ‖ my spirit │ **on**.
　　당신은 │ 인도한다 ‖ 나의 정신을 │ 고양되게 (깨어있게).

(put on)

「❺　He │ does not put 「**on** ‖ airs.
　　그는 │ 않아 「피우지 ‖ 거드름을.

(take on)

「❺　Godfrey's face │ took 「**on** ‖ an expression of hatred.
　　갓프레이의 얼굴은 │ 되었다 「짓게 ‖ 증오 표정을.(SM24)

38　50키워드영어 ON

물건

[물건 1] 착용

(착용하기)

❶　　Hats | **on**!
　　　모자들 | 붙어라 (써라)!(lns71:MHO)

❶　　Shoes | **on**!
　　　구두들 | 붙어라 (신으라)!

❶　　His jacket | was **on** too.
　　　그의 상의도 | 역시 입혀있었다.

❶　　The rest of his clothing | was still **on**?
　　　그의 나머지 옷은 | 아직 입은 상태였다.(Cl265)

[❶]　Suddenly Jack realized [that his hospital gown | was not really **on**]?
　　　갑자기 잭은 [그의 병원 가운이 실제로 입혀있지 않았음을] 알게 되었다.(PatG17)

[❶]　You look like a good skier with [that outfit | **on**].
　　　[그 옷을 입고] 있으니 스키를 잘 타는 사람 같이 보여.(ECD1100)

(go on)

❸　　These shoes | won't go | **on**.
　　　이 구두는 | 못할 것 같다 | 신지.

(sew on)

❸　　It (= the shadow) | must be sewn | **on**.
　　　그 그림자는 | 기워져 | 입혀야 해.(PP14)

(slid on)

❸ His jacket | slid | **on** neatly.
그의 상의가 | 미끄럽게 | 산뜻하게 입혔어.

(put on)

❸ That aptly | is put | **on**.
그건 쉽게 | 지는군 | 입혀.

 네 자리 문장

(buckle on)

「❺ As noon approached, the cowboy | buckled 「**on**」 his gunbelt. 정오가 다가오자, 그 카우보이는 | 조여 「매었다」 탄띠를.(EPV338)

(draw on)

❺ He | drew | his boots | **on**.
그는 | 끌어서 | 장화를 | 신었다.

「❺ He | drew 「**on**」 his boots.
그는 | 끌어 | 신었다 | 장화를.

「❺ She | was drawing 「**on**」 long green gloves.
그녀는 | 끌어당겨 「끼었다」 긴 청색 장갑을.(5HP515)

(fling on)

「❺ | Flinging 「**on**」 some clothes, Merry looked outside.
| 던져 「걸치며」 옷들을, 메리는 밖을 보았다.(3LR62)

(get on)

❺ | Get ‖ your coat (it) | **on**.
| 해라 ‖ 코트를 | 착용.(1HP202)

❺ You | 've got ‖ shoes | **on**.
넌 | 있었군 ‖ 신발을 | 신고.(CN265)

[❺] I do not seem to be able [| to get ‖ these shoes | **on**].
나는 [이 신발들이 내 발에 들어가지] 않을 것 같아.(EPV337)

(have on)

❺ I | had ‖ a hat | **on**.
난 | 있다 ‖ 모자를 | 쓰고.(CED)

❺ He | has ‖ a blue coat | **on**.

그는 | 있어 || 청색 코트를 | 입고.(HBO314)

⑤ He | has || suspenders | **on**.
그는 | 있어 || 멜빵을 | 걸치고.

⑤ Van Damm | didn't have || his tie | **on** 〈 yet 〉.
밴댐은 | 하지 않았다 || 넥타이를 | 〈 아직 〉 매고.(Exo274)

⑤ The child | has || nothing | **on**.
그 애는 | 않고 있다 || 아무 옷도 | 입지.(EJD)

「⑤ You | have 「**on** || a necktie. How come?
너는 | 있군 「매고 || 넥타이를. 어쩐 일이야?

(keep on)

⑤ | Keep || your pants | **on**.
| 있어라 || 바지를 | 입은 채.(RAD)

⑤ | Keep || your shirt | **on**.
| 있거라 || 셔츠를 | 입은 채.(OUTA) *성급히 굴지마.

⑤ He | always kept || his seat belt | **on**.
그는 | 항상 있었다 || 안전벨트를 | 착용하고.(Debt336)

(pin on)

⑤ Popov | pinned || the badge | **on**.
포포프는 | 핀으로 || 배지를 | 달았어.

(pull on)

⑤ She | pulled || her stocking | **on**.
그녀는 | 당겨서 || 스타킹을 | 입었어.

「⑤ They | pulled 「**on** || their bathrobes.
그들은 | 당겨 「걸쳤어 || 잠옷을.(1HP155)

(put on)

⑤ | Put || your hat | **on**.
| 쓰라 || 모자를 | 붙여.(EJD)

⑤ | Put || your clothes | **on**.
| 입어라 || 옷을 | 붙여.

「⑤ | Put 「**on** || your clothes.
| 입어라 「붙여 || 옷을.

*Put your clothes on.은 Put on your clothes.로 써도 괜찮으나, your clothes 대신 대명사를 쓰면, 항상 Put them on.의 어순(語順)이 된다.

❺ | Put 「**on**」‖ the seat belt.
　　| 매라「걸쳐」‖ 안전띠를.

A : You are spilling coffee!
　　커피 쏟아요!

B : Whoops!「❺ | | had better put 「**on**」‖ my glasses.
　　어이쿠 안경을 써야겠구나.(EXD65)

(sew on)

[❺] Hitler made Jews [| sew ‖ a yellow star | **on**].
　　히틀러는 유대인들이 [노란별을 기워 달도록] 했다.(EPV338)

(shove on)

❺ Harry | shoved ‖ them (= his glasses) | **on**.
　　해리는 | 밀어 넣어 ‖ 안경을 | 썼다.(6HP89)

(slip on)

❺ | | slip ‖ it (= the dress) | **on** 〈 sometimes 〉.
　　나는 | 아무렇게나 급히 ‖ 그 옷을 | 입는다 〈 때때로 〉.(GG44)

「❺ Bilbo | slipped 「**on**」‖ his ring.
　　빌보는 | 잽싸게 미끄러「끼웠어 ‖ (손가락에) 반지를.(Ho235)

(strap on)

❺ Strapping 「**on**」 his rucksack, the hiker set out.
　　그 등산객은 등에 배낭을 메고 출발했다.(EPV)

(throw on)

❺ Jack | had thrown 「**on**」‖ some casual clothes.
　　잭은 급히 평상복을 던지듯이 걸쳐 입었다.(Exo274)

(try on)

❺ May | | try ‖ it | **on**」.
　　내가 | 봐도 될까요 ‖ 그것 | 입어 (신어)?

[「❺] I'd like [| to try 「**on**」‖ this sweater].
　　나는 싶어 [| 입어보고「걸쳐 ‖ 이 스웨터를].

A : 「❺ May | | t try 「**on**」‖ this jacket.
　　　이 재킷 입어봐도 될까요?

B : Certainly. Go ahead.
　　물론이죠. 어서 입어보세요.(ECD361)

(tug on)

❺   He | tugged ‖ his tunic | **on**.
그는 | 당겨 ‖ 튜닉 (짧은 상의) | 입었다.(1ER418)

[물건 2] 부착

(부착)

❶   Is the cloth | is **on**?
데이블보는 | 깔려있니?(EJD)

❶   The plates | are **on**.
접시들이 | 얹혀 있다.

❶   The lid | is **on** 〈 properly 〉.
뚜껑이 | 잘 닫혀있다.(EJD)

[❶]   Make sure [the lid | is **on**].
[뚜껑이 덮였는지] 확인해라.(OAD)

[❶]   an envelope with [a stamp | **on**].
[우표가 붙여진] 상태의 봉투.

(go on)

❸   The lid of the box | just would not go | **on**.
상자 뚜껑이 | 하지 않아 | 붙으려.(EPV338) *맞지 않다.

(keep on)

❸   The buttons of this coat | never keep | **on**.
이 코트 단추는 | 제대로 있은 적이 없다 | 붙어.

(put on)

❸   The suitcase | was put | **on** { before } the plane left New York. 그 가방은 | 되어졌다 | (비행기) 에 탑재, 비행기가 뉴욕 떠나기 전.

(stick on)

❸ This Sellotape | won't stick | **on** (this rough surface).
이 셀로테이프는 (이렇게 거친 표면에) 붙지 않을 것이다.(EPV228)

(get on)

❺ It | 's got ‖ your name | **on**.
그건 네 이름이 붙어있어.(5HP779)

(have on)

❺ Kelly | had ‖ no make-up | **on**.
켈리는 | 않았다 ‖ 화장을 | 하지.(YAD65)

❺ You | have ‖ way too much perfume | **on**.
당신은 | 두었군요 ‖ 지나치게 많은 향수를 | 뿌려.(ECD1011)

(put on)

❺ She | put ‖ the pan | **on**.
그녀는 | 얹었다 ‖ 냄비를 | (불) 위에.

❺ | Put ‖ the coffee | **on**.
| 놓아라 ‖ 커피를 | (불에) 올려.

❺ | Put ‖ this repellant | **on**!
| 놓아 ‖ 이 모기 약을 | (피부에) 발라!

❺ | Please put ‖ this tablecloth | **on** (the table).
| 놓아줘요 ‖ 이 테이블보를 | (식탁에) 깔아.(EPV)

「❺ Did you | put 「**on** ‖ your make-up?
너 | 했니 「붙여 ‖ 화장? *화장했니?

(sew on)

[❺] I know how [| to sew ‖ a button | **on**].
나는 [단추를 다는 방법을] 안다.(CED)

(slap on)

❺ Some artists | slap ‖ paint | **on** (a canvas) and call it art.
어떤 미술가들은 | 처덕처덕 바르고 ‖ 그림물감을 | (캔버스에) 붙여, 그걸 예술이라고 칭한다.(EPV)

(stick on)

《⑤》 Use this glue <| to stick ‖ that poster | **on** (the wall)>.
이 풀을 사용해 < 저 포스터를 (벽에) 붙여 주세요 >.(EPV227)

「⑤ I need something which I can use [| to stick 「**on** ‖ the map]. 나는 [지도를 고정시킬] 뭔가가 필요해.(EPV227)

(take on)

[「⑤] The bus stopped [| to take 「**on** ‖ fuel].
[연료를 넣기 위해] 버스가 멈췄다.(NQE)

[물건 3] 작동 시작/계속 [기계류]

(작동 시작/계속)

❶ The television set | was **on**.
텔레비전이 | 켜져 있었다.(MSN)

❶ The electric light | is **on**.
전등이 | 켜져 있다.(Spe10)

❶ The radio | was **on**.
라디오가 | 켜져 있었다.(Cl238)

❶ The recorder |'s **on**.
녹음기가 | 켜 있다.(Pel400)

❶ Is the air conditioner | **on**?
에어컨 | 켜져 있니?

❶ The camera | was still **on**.
카메라는 | 아직 켜 있었어.(Te24)

❶ Is the gas | **on**?
가스 | 나오니?(EJD)

❶ The water | is not **on**.
수도물이 | 나와 (안나와).

❶ Is your break | **on**?
브레이크가 | 걸려있니?

❶   The emergency break | was not **on**.
　　　비상브레이크가 | 걸리지 않았다.(EJD)

❶   The television | was **on** (with no sound).
　　　텔레비전이 | (묵음 상태로) 켜 있었다.(Pel252)

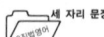
세 자리 문장

(click on)

❸   The answering machine | clicked | **on**.
　　　응답기가 | 찰칵 | 걸렸다.

(come on)

❸   Lights | came | **on** { and } cameras flashed.
　　　불들이 들어오고 카메라 플래시가 터졌어.(Pt63;Fm416)

❸   The electricity | came | **on** (again in a few minutes).
　　　전기가 | 왔다 | (몇 분 후 다시) 들어.

❸   The heat | comes | **on** (around midnight).
　　　난방은 | 된다 | 오게 (자정 근방에).

(drag on)

❸   The tape | dragged | **on**.
　　　녹음기가 | 끌면서 | 작동했다.

(flick on)

❸   A lamp | flickered | **on**.
　　　램프가 | 깜박거리며 | 켜졌어.(1HP155)

(go on)

❸   The lights | went | **on** (at seven).
　　　불이 | 되었다 | 켜지게 (7시에).

❸   This heater | won't go | **on**.
　　　히터가 작동하지 않아.

(leave on)

❸   The light | had been left | **on**.
　　　불이 | 내버려 두었다 | 켜 진채.

(thud on)

❸   The stereo | thudded | **on**.

스테레오가 | 시끄럽게 | 켜있었다.

(turn on)

❸   The player | was turned | **on**.
녹음기가 | 돌려 | 켜졌다.(Pt401)

A :   Excuse me. I'm staying in the room 777 and ❸ air-conditioner | can't be turned | **on**.
실례합니다. 777호실에 투숙하는데 에어컨이 켜지지 않아요.

B :   I'm very sorry. We'll have it fixed right away.
정말 죄송합니다. 즉시 고쳐 드리겠습니다.(ECD393)

(clip on)

❺   I want [you | clip ⌈**on** ‖ the battery].
난 [네가 전지를 연결해 주기] 바래.(Spe122)

(flip on)

⌈❺   He | flipped ⌈**on** ‖ a light switch.
그는 | (손가락으로) 튀겨 ‖ 등 스위치를 | 켰어.

(get on)

❺   I |'ve got ‖ the recorder | **on**.
나는 | 두었다 ‖ 녹음기를 | 켜.

(have on)

❺   It's not necessary [| to have ‖ the radio | **on** (all the time)].   [(온종일) 라디오를 켜놓고 있을] 필요는 없다.(EPV398)

(leave on)

❺   Dudley | must have left ‖ his television | **on** ⟨ again ⟩.
두들리가 | 두고 온 모양이군 ‖ 텔레비전을 | 켠 채, ⟨ 또 ⟩.

❺   Who | left ‖ this tap | **on**?
누가 | 내 버려두었니 ‖ 수도꼭지를 | 틀어?(EJD)

A :   Oh, no! ❺ I | left ‖ my car light | **on** last night!
아차! 어제밤에 차 라이트를 켜 났구나!.

B :   Good job! Now the battery is dead.

잘했군! 지금쯤 배터리가 다 나갔겠군! (EXD20)

(put on)

❺ He | put ‖ a jazz recording | **on**.
그는 | 놓았다 ‖ 재즈 녹음을 | (축음기에) 올려.

「❺ Do you mind if I | put 「**on** ‖ the air conditioning?
나 에어컨을 켜도 괜찮을까요?(EPV365)

「❺ The driver of the train | suddenly put 「**on** ‖ the brakes.
그 열차의 운전수는 갑자기 브레이크를 걸었다.(EPV365)

「❺ | Put 「**on** ‖ your left turn signal.
| 보세요「켜 ‖ 왼쪽 깜박이 등을.(ECD259)

(switch on)

❺ He | switched ‖ the water | **on**.
그는 | 스위치를 돌려 ‖ 물이 나오게 | 했다.

(turn on)

❺ He | turned ‖ the lamp | **on**.
그는 | 돌려 ‖ 램프를 | 켰어.

「❺ Jack | turned 「**on** ‖ a light.
잭이 | 돌려「켰다 ‖ 전등 하나.

❺ | Turn ‖ the radio | **on**.
| 돌려라 ‖ 라디오를 | 켜지게.

「❺ She | turned 「**on** ‖ the radio.
그녀는 | 돌려「켰다 ‖ 라디오.

❺ | Turn ‖ the light | **on**.
| 돌려라 ‖ 불이 | 켜지게.

❺ He | turned ‖ the gas | **on**.
그는 | 돌려 ‖ 가스 불을 | 켰다.

❺ How can I | turn ‖ the computer | **on**?
어떻게 난 | 돌리니 ‖ 이 컴퓨터를 | 켤 수 있니?

[물건 4] 동작 시작/계속 [물건 일반]

(동작 시작/계속)

❶   Now soup | 's **on**.
    이제 수프가 | 되어 있어.(Nea133)

❶   After the parade, the buffet dinner | was **on**.
    퍼레이드 후 뷔페 만찬이 | 있었다.

[❶] They told him [that the train | was **on**].
    그들은 그에게 [열차가 운행된다] 고 말했다.

(catch on)

❸   His books | really caught | **on**.
    그의 책이 | 진짜 되었다 | 붙게 (인기를 얻게).

[❸] I'm sure [| his book | will catch | **on**].
    나는 [그의 책이 유명하게 될 것을] 확신해.

(come on)

❸   The rain | came | **on**.
    비가 | 오기 | 시작했다.

(go on)

❸   Why do the birds | go | **on** (singing)?
    왜 새들은 (노래를) 계속하는가?(Pops)

(lay on)

「❺   The school | lays 「**on** ‖ buses to take pupils from the station.   학교는 | 한다 「운행 ‖ 버스를, 역에서 생도를 데려오기 위해.(EPV324)

(put on)

「❺   They | are putting 「**on** ‖ extra trains over this weekend.
    이번 주말에 임시열차를 운행할 예정이다.(EPV324)

(snooze on)

❸　The snake ｜ just snoozed ｜ **on**.
　　그 뱀은 ｜ 단지 잠만 잤다 ｜ 계속해.(1HP27)

(start on)

❸　And the train ｜ started ｜ **on**.
　　그리고 기차가 ｜ 출발해 ｜ 갔어.

(bring on)

❺　The trainer ｜ is bringing ‖ the new horse ｜ **on**.
　　조련사는 새로운 말을 조련하고 있다.(EPV398)

(pass on)

❺　｜ Pass ‖ it ｜ **on**.
　　｜ 패스해 ‖ 그걸 ｜ 이쪽으로.(5HP291)

(put on)

「❺　The waiter ｜ puts 「**on** ‖ a first class meal for us.
　　웨이터가 우리에게 최상의 식사를 내주었다.(EPV323)

[「❺]　I don't think it is too early [｜ to put ‖ the dinner ｜ **on**].
　　저녁 준비를 시작하는 게 너무 이르다고 생각하지는 않는다.(EPV365)

(urge on)

❺　He ｜ urged ‖ his tired horse ｜ **on**.
　　그는 ｜ 몰아댔다 ‖ 그의 지친 말을 ｜ 계속 가도록.

(wind on)

❺　｜ Just wind ‖ the tape ｜ **on** 〈 a bit 〉, will you?
　　｜ 감아 주시겠어요 ‖ 그, 테이프를 ｜〈좀 빨리〉계속?(EPV398)

관념 · 활동

[관념 · 활동 1] 시작/계속 [연예활동]

(시작/계속)

❶　Macbeth | is **on**.
　　맥베스가 | 상연되고 있어.

❶　What |'s **on** tonight?
　　무엇이 | 오늘 저녁 상영되니?

❶　What else | is **on**?
　　방송 뭐 | 하고 있지?(TS182)

❶　What film | is **on** now?
　　무슨 영화가 | 지금 상영돼요?(ECD206)

A :　❶ What |'s **on** 〈 now 〉?
　　　무엇이 | 〈 지금 〉 상영되니?

B :　❶ A Cartoon | is **on** 〈 now 〉?
　　　만화영화가 | 〈 지금 〉 상영되고 있다.(EJD)

(come on)

❸　The midnight news | came | **on**.
　　자정 뉴스가 | 되었다 | 방영.(Cl179)

❸　His favorite TV program | comes | **on** (at nine o'clock on Saturdays).
　　그가 좋아하는 티비 프로그램은 (토요일 9시) 방영된다.

(drag on)

❸　The movie | was dragging | **on**.
　　그 영화는 | 지루하게 끌고 있어 | 계속하여.

(go on)

❸ The show | is going | **on**.
쇼가 | 되고 있다 | 상연.(Ins494)

❸ The show | must go | **on**.
쇼는 | 해야 한다 | 계속.

(put on)

❺ They | are putting ‖ a play | **on**.
그들은 | 하고 있다 ‖ 연극을 | 상연하고.

「❺ This drama club | will put 「**on** ‖ a Shakespeare play.
이 연극 클럽은 | 하려 한다 「상연 ‖ 셰익스피어 극을.(EPV323)

「❺ No theatre | put 「**on** ‖ the same play everyday.
어떤 극장도 | 하지 않았다 「상연 ‖ 같은 극은 매일.(WS)

「❺ | Put 「**on** ‖ some piano music.
| 놓아라 「올려 ‖ 피아노 음악을.

● [관념 · 활동 2] 시작/계속 [경기/전투]

(시작/계속)

❶ The race | is **on**.
경마가 | 시작되고 있다.(Fm331)

❶ Is the game | 〈 still 〉 **on**?
그 경기 | 〈 여전히 〉 하니?(MSN)

❶ The game is | is 〈 still 〉 **on**.
그 경기는 | 〈 여전히 〉 하게 된다.(OAD)

❶ The parade | is **on**.
행진이 | 시작하고 있다.

52 50키워드영어 ON

❶   The fight | was **on**.
         싸움이 | 시작되었어.(SND116)

❶」   There was」 a war | **on**.
         전쟁이 | 일어났다.(DED)

[❶」]   Don't you know [there's」 a war | **on**]?
         너 [전쟁이 일어난 것] 모르니?(MSN)

세 자리 문장

(catch on)

❸   Aerobics | caught | **on** (in Russia faster than yoga).
         에어로빅이 | 끌었다 | 인기 (러시아에서 요가보다 빨리).

(go on)

❸   The war | still went | **on**.
         전쟁은 | 아직 되었다 | 계속.(MED)

❸   The matches | went | **on** (for five days last time).
         그 시합은 | 되었다 | 계속 (지난 번에는 5일간).(4HP60)

네 자리 문장

(bring on)

❺ | Bring ‖ it (= the fight) | **on**.
         | 해라 ‖ 그것이 (싸움) | 붙도록.(NW) *싸움 붙자고 해.

(put on)

❺   He | put ‖ a bet | **on**.
         그는 | 했다 ‖ 내기를 | 걸기.

(set on)

「❺ | Set ‖ our battles | **on**.
         | 하자 ‖ 전투를 | 개시.

[관념 · 활동 3] 시작/계속 [말하기]

(시작/계속)

❶   The adventure | was **on** 〈 again 〉.
그 모험은 | 〈 다시 〉 화제로 올랐어.(Te397)

(lay on)

❸   So an easy cover story | was laid | **on**.
그래서 한 쉬운 핑계거리가 | 만들어져 | 있다.(EXO794)

(rumble on)

❸   The argument | rumbled | **on** (all afternoon).
논의는 (오후 내내) 질질 이어졌다.(EPV396)

(bring on)

「**❺**   She | brought 「**on** ‖ a more interesting subject.
그녀가 | 내었다 「이끌어 ‖ 더 흥미 있는 화제를.(Em141)

[「**❺**」   It is impolite [| to carry 「**on** ‖ a telephone conversation while guests are waiting].
[손님이 기다리는데 전화통화를 계속하는 것은] 무례하다.(EXD179)

(get on)

❺ | Do get ‖ (it) | **on**.
| 해라 ‖ (이야기) | 계속.(CN362)

(hurry on)

❺   She | hurried ‖ (it) | **on**.
그녀가 | 급히 ‖ 말을 | 이었다.(5HP73)

(lay on)

54 50키워드영어 ON

❺ When Bill tells a story, he | really lays ‖ it | **on**.
　　빌은 이야기할 때, | 정말로 놓는다 ‖ 그것을 | 붙여.(EPV227) *허풍떤다.

❺ You | don't have to lay ‖ the flattery | **on** (so thick).
　　넌 | 필요 없다 ‖ 아첨을 | (그렇게 심하게) 할.(EPV227)

(pass on)

❺ I | 'm just passing 「**on** ‖ the message.
　　난 단지 메시지를 전달하고 있다.(5HP237)

(take on)

❺ He | took 「**on** ‖ a subject.
　　그가 | 놓았다 「붙여 ‖ 화제를.(Nea191) *화제를 꺼내다.

[관념·활동 4] 시작/계속 [사업/사건]

(시작/계속)

❶ Your project | is **on**.
　　너 계획 | 시작해라.

❶ Your case | is **on** (in Courtroom No 3).
　　네 사건은 | 재판해 (3호 법정에서).

❶ Your placement | is 〈 still 〉 **on**.
　　채용은 | 〈 여전히 〉 가능해.(FW8)

❶ The strike | is 〈 still 〉 **on**.
　　파업은 | 〈 아직 〉 계속되고 있다.

(get on)

❸ The work | got | **on** 〈 well 〉.
　　일은 | 되었다 | 〈 잘 〉 진척.

(go on)

❸ While all this was | going | **on**, I was not in Jerusalem.
　　이런 모든 일이 | 되는 동안 진행, 나는 예루살렘에 없었다.(Ne13:6)

(take on)

❸ Such a task | should not be taken | **on**.
그런 일은 | 맡겨서는 안 돼 | 시작되도록.(SED)

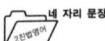

(bring on)

[❺] The mayor | helped [| bring ‖ this event | **on**].
이 행사가 있을 수 있었던 건 사장님 덕택이지.(NQE)

(call on)

「❺ This project | calls 「**on** ‖ all the creative skills < you can gather together >.
이 프로젝트를 완수하려면 창의적인 기술을 총동원해야 돼.(NQE)

(carry on)

「❺ He | carried 「**on** ‖ a hardware business.
그는 | 했어 「운영 ‖ 하드웨어 사업을.

(start on)

「❺ They | will start 「**on** ‖ a reorganization of our company.
그들은 | 시작할 것이다 「착수에 ‖ 회사의 재건.(EPV364)

(take on)

❺ You should have thought about it more carefully before you | took ‖ the job | **on**.
넌 네가 그 일 떠맡아 하기 전에 심사숙고 했어야 했다.(NQE)

[❺] People aren't keen [| to take ‖ it (= the job) | **on**].
사람들은 좀처럼 [그것을 맡으려고] 하지 않아.(2HP115)

「❺ I | can't take 「**on** ‖ this work anymore.
나는 | 맡을 수 없다 「하도록 ‖ 이 일을 더 이상.(ECD519)

[「❺] I don't want [| to take 「**on** ‖ any extra work].
나는 [어떤 여분의 일도 하도록 맡고] 싶지 않아.

「❺ He | took 「**on** ‖ the responsibility of chairman.
그는 | 되었다 「맡게 ‖ 의장 직무를.(SMV130)

[관념·활동 5] 시작/계속 [기타 관념·활동]

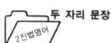

(시작/계속)

❶ Is the meeting |〈 still 〉 **on**?
모임은 |〈 아직 〉 하고 있니?(EJD)

❶ { While } the meeting | was **on**, it had begun to snow.
그 모임이 | 계속되는 동안, 눈이 오기 시작했어.(Zhi36)

❶ Not if the party |'s **on**.
파티만 | 계속한다면 그렇지 않지.

❶ It | isn't **on**.
그건 | 해서는 안돼.(OAD, CED)

❶ It | is 〈 well 〉 **on**.
일이 |〈 척척 〉 진척되고 있다.

❶ That |'s not **on**.
그건 (그 짓은) | 안돼.(5HP255)

❶ What |'s **on**?
무슨 일이 | 있니?

❶ Anything | **on** (after supper)?
뭐 | 있니 (저녁 후)?

❶⌐ There is⌐ a party | **on** (tonight).
파티가 | (오늘 밤) 있다.

❶⌐ There's⌐ nothing 〈 good 〉| **on** (tonight).
〈 좋은 〉 것이 | 아무 것도 없다 (오늘 밤).

(drag on)

[❸] Yesterday's meeting certainly seemed [| to drag | **on**].
어제의 회의는 확실히 [질질 끈 것] 같았다.(EPV395)

(go on)

❸ What |'s going | **on**?

어떻게 지내세요?(ECD3)

❸ What | 's going | **on** (inside him)?
무엇이 | 있니 | 일어나고 (그의 마음에)?

 네 자리 문장

(get on)

❺ I | 've got ‖ a lot | **on** (at the moment).
나는 | 있다 | 많은 일거리가 | (지금) 할.(MSN)

❺ The two of you | were getting ‖ it | **on** (before, during and after marriage).
너희 둘은 (결혼 전, 동안, 후에도) 그런 (불륜) 관계였다.(2HP115)

❺ We | should get ‖ a move | **on**.
우리는 동작으로 옮겨야 해.(4HP344)

❺ You | got ‖ something | **on**?
너 | 되었니 ‖ 무슨 일이라도 | 하도록?

❺ (Have you) | got ‖ anything | **on**?
무얼 할 작정이라는 건가?(OHS30)

(have on)

❺ I | have ‖ a lot | **on** (in the next week).
나는 | 있다 ‖ 많은 일이 | (다음 주 안에) 하게 될.(CED)

❺ I | have ‖ nothing | **on** (this evening).
나는 | 없다 ‖ 아무 것도 | 예정이, 오늘 저녁은.

❺ We | have ‖ nothing < much > | **on** (for this weekend).
우리는 | 없다 ‖ 아무 대단한 | 예정이 (이번 주말은).(MSN)

(let on)

「❺ They | just don't let 「**on** ‖ much.
그들은 잘 누설하지 않아.

(pass on)

「❺ I | 'll pass ‖ (「it) | **on** [going to a party tomorrow].
나는 | 사양할 거야 ‖ (그걸) | 하기를 [내일 파티 가는 것]. *it = [ ].

(put on)

❺ He | put ‖ all of his efforts | **on**.
　그는 그의 모든 노력을 기울였다.

❺ He is not angry. He |'s just put ‖ it | **on**.
　그는 화나지 않았다. 그는 | 단지 하고 있다 ‖ 그런 | 척.(EPV323)

「❺ Did you | put 「**on** ‖ your make-up?
　너 | 했니 「붙여 ‖ 화장?

(try on)

❺ I know perfectly well [that you | are just trying ‖ it | **on**].   난 [네가 단지 그걸 시험 삼아 하는 걸] 너무나 잘 알고 있어.(EPV210)

[관념·활동 6] 시작/계속 [자연/병리 현상]

두 자리 문장

(시작/계속)

❶ Now, a move | is **on** (to bring diesels into line).
　이제, 작동이 | 시작된다 (디젤이 라인에 가도록).

❶ Holiday rush | is **on**.
　주말 러시가 | 계속된다.(CBS)

[❶] I felt [a cold | was **on**].
　나는 [감기가 걸린 것] 같아.

세 자리 문장

(come on)

[❸] I feel a cold [| coming | **on**], you should take some vitamin C.
　감기가 [걸린 것] 같으면 비타민 씨를 복용해요.(EPV140)

❸ It | came | **on** [to rain].
　비가 내리기 시작했다.(MSN)

❸ Darkness | came | **on** (after seven).
　어두움이 | 왔다 | (7시후) 가까이.

(draw on)

❸   Twilight | drew | **on**.
황혼이 | 다가 | 왔다.(Iva46)

(go on)

[❸]   I hope [this cold weather | won't go | **on** (for a long time)].   나는 [이 추위가 (오래) 계속되지 않기를] 바래.

(linger on)

❸   The effects of the nuclear tests | lingered | **on** (for years).   핵실험의 후유증이 (몇 년 동안) 사라지지 않고 남아 있었다.(EPV396)

(bring on)

❺   A cough | can bring 「**on** ‖ a bad case of bronchitis.
기침이 | 초래할 있다 「걸리도록 ‖ 악성 기관지염을.(EPV324)

❺   Standing in the rain | brought 「**on** ‖ a bad cold.
비속에 서 있어서 지독한 감기에 걸렸다.

(let on)

❺   He | let 「**on** ‖[that he was sick].
그는 | 했다 「척 ‖[그가 병이 난].

(put on)

❺   You | put 「**on** ‖ weight.
넌 | 났다 「늘어 ‖ 체중이.(ECD1127,1006)

❺   He | put 「**on** ‖ an extra spurt of speed.
그는 | 했다 「가(加) ‖ 나머지 속도의 박차를.(1HP188)

❺ | Don't put 「**on** ‖ airs.
| 놓지 마 「붙여 ‖ airs (점잔 빼는 태도) 를. *잘난 척 하지 마.

(take on)

❺   The skin | gradually took 「**on** ‖ a healthier look.
피부가 | 점점 되었다 「띠게 ‖ 건강한 색깔을.

장소 · 위치

[장소 · 위치] 시작/계속

(시작/계속)

❶ The road | is **on** {and} the dream is not yet over.
  길은 | 계속되고, 꿈은 아직 끝나지 않고 있다.

❶ The station | is **on** (for 15-20 minutes each).
  그 방송국은 | (시간 당 15-20분간) 방송한다.

❶ Joke shop | 〈 still 〉 **on** 〈 then 〉?
  장난감 가게는 | 〈 여전히 〉 여니?(5HP105)

(go on)

❸ The road | does not go | **on** (as far as the next town).
  이 도로는 | 되지 않는다 | 계속 (옆 마을까지).(EPV396)

(lie on)

❸ Our destination | lies | a little farther • **on**.
  우리 목적지는 | 있다 | 조금 더 가야 하는 곳에.(6HP556)

(push on)

❸ The trail | pushed | **on**.
  그 길은 | 진행되었다 | 계속.(Ins523)

(run on)

[❸] The railway doesn't look as [if it | will run | **on** (much more)]. 이 철로는 [(앞으로 쭉) 계속될 것] 같아 보이지 않아.(EPV395)

(sign on)

❸ My favorite radio station | signs | **on** (at 5 AM).
  내가 가장 좋아하는 라디오 방송국은 | 시작해 | 방송, (새벽 5시).

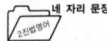

(course on)

❺ He | could complete ‖ the course | **on** {and} look relatively good.
그는 | 끝낼 수 있었다 ‖ 그 코스 | 질주를, 그리고 비교적 좋아보였다.

(keep on)

❺ They | kept ‖ the station | **on** (for 24 hours).
그들은 | 유지했다 ‖ 방송국을 | (24시간) 방송되게.

[❺] It costs over $1,000 [| to keep ‖ the station | **on** (for a month)]. [방송국을 (한 달 방송하도록) 유지하는 데는] 천불 이상이 소요된다.

시간

[시간] 시작/계속

(시작/계속)

❶ The evening | was **on**.
   저녁이 | 되었다.

❶ Nobody saw them clearly, as the night | was **on**.
   누구도 그들은 정확히 보지 못했다, 밤이 | 되자.

(come on)

❸ Evening | was coming | **on**.
   저녁이 | 오고 있었어 | 가까이.(Ho210)

(drag on)

❸ The time | dragged | **on**.
   시간이 | 지루하게 | 흘러갔어.

(draw on)

❸ The second day of their riding | drew | **on**.
   그들의 행진의 둘째 날이 | 다가 | 왔다.

(enter on)

❸ The third week | entered | **on**.
   세 번째 주가 | 되었다 | 시작.(Em194)

(get on)

❸ Time | is getting | **on**.
   시간이 | 흐르고 있어 | 계속.

❸ It | 's getting | **on**. I must go now.
   늦었어요. 이젠 가봐야겠어요.(EPV)

❸ It｜'s getting ｜ **on** (for midnight).
시간은 ｜ 흐르고 있어 ｜ 계속 (자정을 향해).

(go on)

❸ As time ｜ went ｜ **on**, he got worse.
시간이 지나감에 따라, 그는 건강이 더욱 나빠졌다.

❸ As years ｜ went ｜ **on**,
해가 계속 감에 따라, (68SS58)

(roll on)

❸ ｜ Roll ｜ **on**, July!
7월이여, ｜ 굴러 ｜ 오라! *어서 오라!

(wear on)

❸ The afternoon ｜ wore ｜ **on**.
오후가 ｜ 질질 ｜ 흐르고 있었다. (4HP85)

 네 자리 문장

(let on)

❺ ｜ Let ‖ time ｜ **on**.
｜ 해라 ‖ 시간이 ｜ 계속 가도록.

기타 용법

[명사 수식어]

⟨ ⟩ from **here** ⟨ on ⟩   여기부터 ⟨ 시작하여 ⟩
⟨ ⟩ from **now** ⟨ on ⟩   지금부터 ⟨ 시작하여 ⟩
⟨ ⟩ from that **day** ⟨ on ⟩   그날로 부터 ⟨ 줄곧 ⟩
⟨ ⟩ and **so** ⟨ on ⟩   기타 ⟨ 등등 ⟩

⟨ ⟩ I will be careful from **now** ⟨ on ⟩.
　　나는 지금부터 ⟨ 시작하여 ⟩ 주의하겠다.

⟨ ⟩ From this **moment** ⟨ on ⟩, my new life has begun.
　　이 순간부터 ⟨ 시작하여 ⟩, 나의 새로운 인생이 시작했어.

[부사 수식어]

⟨ ⟩ **farther** ⟨ on ⟩   훨씬 ⟨ 앞쪽에 ⟩
⟨ ⟩ **further** ⟨ on ⟩   더욱 ⟨ 나아가 ⟩

⟨ ⟩ I'll do it **later** ⟨ on ⟩.
　　나는 그걸 나중 ⟨ 에 ⟩ 할 거야.

• Well, I'm **a lot further** ⟨ on ⟩ than I was...
　　난, 전에 보다 더 ⟨ 진전 ⟩ 되었어. (4HP405)

• Our destination lies **a little farther** ⟨ on ⟩.
　　우리 목적지는 조금 더 ⟨ 가야 하는 ⟩ 곳에 있다. (6HP556)

[명사 부속어]

• We must be **miles • on** (before dusk).
　　우리는 수마일 • 가야해 (해지기 전).

[동사 부속어]

- I'd like **look·on** while others work.
  난 다른 사람들이 일할 동안 바라·보겠다.
- He **looked·on** while the ship docked.
  난 배가 정박하는 동안 바라·보았다.

on~

PART 2

~사람·조직 (68)   ~ 신체·정신 (96)   ~사람 짝수형 (114)
~유체물 (122)   ~기능·무체물 (149)   ~물건 짝수형 (158)
~관념·활동 (162)   ~관념·활동 짝수형 (193)   ~장소·위치 (199)
~장소·위치 짝수형 (223)   ~시간 (225)   ~시간 짝수형 (230)
~명사외의 것 (232)   ~기타용법 (237)

사람 · 조직

[~사람 1] 귀속 [사람 → 사람 자신]

(귀속)

① You | are **on your own**.
ⓐ 넌 | 네 맘대로 군. ⓑ 네가 | 결정해라.(ECD513)

① She | 's been **on her own** this entire time.
그녀는 | 이때까지 내내 혼자 있었다.(1ER121)

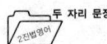

(act on~)

③ We | act | **on our own**.
우리는 | 행동해 | 우리 마음대로.

(stand on~)

③ She | was standing | firmly **on my own**.
그녀는 | 서 있었다 | 혼자 당당히.(#EXD136)

[③] I left her [| standing | **on her own**].
나는 떠났어 그녀를 [혼자 서 있게] 두고.

(do on~)

「⑥ You | do ‖ it 「**on your own**.
넌 | 해라 ‖ 그걸 「네 자신이!(TS94) *죽고 싶으면 혼자 죽어.

「⑥ He | did ‖ it 「**on his own**.
그는 | 했다 ‖ 그걸 | 혼자.

(find on~)

「⑥ Can you | find ‖ my office 「**on your own**?

넌 | 찾을 수 있니 ‖ 내 사무실을 「혼자서?(ECD762)

(finish on~)

「❻ You | must finish ‖ your home work 「**on your own**.
넌 | 마쳐야 한다 ‖ 숙제를 「스스로.(EID616)

(handle on~)

[「❻] I am not able [| to handle ‖ this 「**on my own**].
나는 [이걸 혼자 처리] 할 수 없다.(#ECD437)

(make on~)

「❻ He | made ‖ it 「**on his own**.
그는 | 만들었다 ‖ 그걸 「자신이.(ECD1179) *가수 성가하다.

[~사람 2] 접근/접촉 [사람 · 신체 → 사람]

(접근/접촉)

❶ Gloria, he | 'll be **on you** (in about 90 seconds).
글로리아, 그는 | (약 90초후) 네게 도착할 거야.(TS58)

❶ He | is **on me** (about money).
그는 | 내게 밀착했다 (돈에 관해 돈을 요구하면서)

❶ He | was **on her** in an instant.
그는 | 순식간에 그녀를 덮쳤다.(VR39)

❶ The hand of the Lord my God | is **on me**.
나의 하나님 여호와의 손이 | 내 위에 있다.(Ez7:28)

(close on~)

[❸] At this stage we have no chance of [| closing **on him**].
이 단계에서 우리가 [그들을 바짝 추격할] 가망은 없다.(EPV140)

(come on~)

❸ If you | come | **on him**, spare him.
네가 그를 잡게 되면 목숨은 살려줘라.(2LR297)

(eavesdrop on~)

❸ Is someone | eavesdropping | **on us**?
누군가 | 도청하고 있니 | 우리에게?(ECD677)

(fall on~)

❸ I | fell | **on you**.
내가 | 넘어졌군 | 너 위에.(TS42)

❸ The parents | fell | **on their son** {as} he was pulled out of the collapsed building.
그 부모는 | 부둥켜안았다 | 아들을, 그가 붕괴된 건물에서 이끌려 나오(자).(EPV203)

(gain on~)

❸ His pursuers | are gaining | **on him**.
추격자가 | 따라 미치고 있어 | 그에게.

❸ She | gained | **on them**, however, involuntarily.
그녀는 | 따라 잡았다 | 그들에게, 하지만 뜻하지 않게.(Em70)

(get on~)

❸ I | didn't get | **on Cathy** last night.
난 | 않았다 | 어제 밤 캐시에 붙지.(GWH13) *자지 않았다.

(lean on~)

❸ | Lean | **on me** {when} you are not strong.
네가 약할 [때] 내게 기대라.

❸ You | don't have to lean | **on me**. I'll get the job done on time. 나를 조일 필요 없어. 나는 그 일을 제때에 다 할거니까.(EID498)

⟨❸⟩ Whenever you feel [you need a friend ⟨ to | lean | **on** ∩⟩] here I am.
네가 [⟨ 기대고 싶은 ⟩ 친구가 필요하다고] 느낄 때, 나 여기 있어.

(stick on~)

❸ I | 'm stuck | **on her**.
나는 | 반했다 | 그녀에게.(ECD557)

(go on~)

A : ❼ How about another game? | I'll go | easy | **on you**.
한 게임 더 하지 그래? 살살 할 게.

B : Not me. I've had enough for today.
난 안 돼. 오늘은 충분해.(EXD133)

(lay on~)

[❺] They begged Jesus [| to lay ‖ his hand | **on him**].
그들은 예수께 [그에게 안수해 주시기를] 간구했다.

[~사람 3a] 공격/적대행위[사람 → 사람]

(공격/괴롭히기)

❶ I | am **on him**.
내가 | 그를 맡으마 (공격하마).(PG264)

❶ If I tried drawing a draft, the yankees | would be **on me**
(like a duck on june bug).
내가 어음이라도 쓰게 되면, 양키녀석들이 (풍뎅이를 본 오리처럼) 내게 덤벼들 거야.(GWW146)

(beat on~)

❸ Our neighbor's boy | has been beating | **on our Jimmy**.
이웃집 남자애가 | 때려왔다 | 우리 지미를.(EPV180)

(dump on~)

❸ He | is always dumping | **on our teachers**.
그는 | 항상 헐뜯고 있다 | 우리 교사들을.

(fall on~)

[❸] It is impossible to know [**who** the terrorist | will fall | **on** V].

[테러리스트들이 다음에 누구를 습격할 것인지를] 아는 것은 불가능하다.(EPV180) *V = who

(get on~)

❸　My mother | really got | **on me** for coming home late last night.　엄마는 | 호되게 혼냈다 | 나에게, 어젯밤 늦게 집에 들어왔다고.

(impose on~)

A :　[❸] I don't want [| to impose | **on you**].
　　　나는 [당신께 폐 끼치고] 싶지 않아요.

B :　Please don't consider it an imposition.
　　　폐라고 생각하지 말아요.(EXD26)

(intrude on~)

❸　Go away! You | are intruding | **on us**.
　　저리 가! 넌 | 방해하고 있다 | 우리에게.(EPV170)

(jump on~)

❸　You | are always jumping | **on me**.
　　당신은 | 항상 호통 쳐요 | 저에게.(EPV180)

❸　After the company dinner, Bill went home drunk, and his wife | really jumped | **on him**!
　　회식을 마치고 빌은 술이 취해서 집에 들어갔는데, 아내는 그가 꼼짝 못할 만큼 화를 냈다.(EID457)

(leap on~)

❸　The huge boy | leapt | **on him**.
　　덩치 큰 소년이 | 얼른 덤볐다 | 그에게.(2HP247)

❸　Whatever I say, you | leap | **on me**.
　　내가 무슨 말만 해도, 넌 | 덤벼드는구나 | 내게.(EPV180)

(pick on~)

❸　The judge | is picking | **on him**.
　　그 판사는 | 괴롭히고 있다 | 그를.(rm526, 525)

　　cf❶ He | is being picked (|) **on** (by the judge).
　　　　그는 | 괴롭혀지고 있다 (그 판사에게서).

(pounce on~)

❸　When she made her mistake, I | pounced | **on her**.
　　그녀가 실수를 저질렀을 때, 난 | 심하게 나무랐다 | 그녀에게.(EPV180)

(pound on~)

❸ This guy wants [| to pound | **on you** 'til you crumble].
이 친구는 [네가 산산조각이 날 때까지 널 깨부수고] 싶어해.(DHV34)

(round on~)

❸ Hermoine | rounded | **on him.**
허마니가 | 돌아서 | 그에게 대들었다.(4HP125,607)

❸ Quirrell | rounded | **on Harry.**
퀴렐이 | 돌아섰다 | 해리에 대해 공격하여.(1HP292)

(set on~)

❸ The bigger boys | used to set | **on him** almost every morning. 큰 남자애들이 | 공격했던 것이다 | 거의 매일 아침 그를.(EPV180)

(shit on~)

[❸] Stop [| shitting | **on me**].
[날 놀리지] 마.(ECD963)

(stamp on~)

❸ You | stamp | **on everyone** ⟨ who disagrees with you ⟩.
넌 | 뭉갠다 |⟨ 네게 반대하는 사람 ⟩ 모두를 밟아 (깔아).(EPV190)

(start on~)

❸ | Don't start | **on me.**
| 공격하지 마 | 나한테.

(turn on~)

❸ He | turns | **on the Duke.**
그는 | 공격한다 | 듀크에게.(RAD)

[❸] I didn't expect you [| to turn | **on me** in front of everyone]. 난 [네가 사람들 앞에서 내게 대들 거라곤] 생각지 못했어.(EPV181)

(war on~)

[❸] Do you plan [| to war | **on them** here].
넌 [여기서 그들과 전쟁할] 계획이냐?(Sho50)

(non-verb on~)

❸ | Don't be so hard | **on him.**
| 심하게 대하지 마 | 그에게.(ECD137)

A :   I can't stand his arrogance. I'll put an end to this once and for all.
저 남자 으스대는 꼴 못 보겠어. 단호하게 끝장 내 버리겠어.

B :   Come on! ❸ | Don't be too hard (or hush) | **on him**.
저런, 너무 몰아붙이지 마라.(TEPS)

(throw on~)

❺   The enemy | threw ‖ themselves | **on us** (from their ambush).   적은 | 덤벼들었다 ‖ 그들 자신이 | 우리에게, (매복 장소에서).(EPV180)

[~사람 3b] 공격 [물건 → 사람]

(공격)

❶   They (= fighters) | were **on us**.
전투기들이 | 우리를 공격했다.(HRO256)

(pounce on~)

[❸]   The fighters were waiting [| to pounce | **on us**].
전투기들이 [우리를 덮치려고] 기다리고 있었다.(HRO257)

(spring on~)

❸   From out of the shadows, a lion | sprang | **on me**.
어둠 속에서 사자 한 마리가 | 덤벼들었다 | 나에게.(EPV180)

(turn on~)

❸   His dog | turned | **on me**.
그의 개가 | 달려들었어 | 내게.

(set on~)

[❺]　The farmers threatened [| to set ‖ the dog | **on the poor orphan**].
농부들은 [불쌍한 고아에게 개를 풀어 공격하겠다고] 위협했다.(OT38)

[~사람 4] 주시/지향 [눈 → 사람(+사물*)]

(주시/지향)

❶　All eyes | were **on him**.
모든 눈이 | 그에게 붙어 (주시되어) 있었다.(5HP139, Te229)

❶　Everyone's eyes | were now **on Lupin**.
모든 사람들의 눈이 | 이제 Lupin에 지향했어.(3HP345)

❶　The eyes of the Lord | are **on the righteous**.
주의 눈은 | 의인을 향하신다.(1Pe3:12)

❶*　Your eye | is **on the sparrow**.
당신은 | 새를 보고 있어요.(Hymn)

❶*　All eyes | are **on South Asia**.
모든 눈이 | 남아시아에 향하다.

❶*　Eyes | **on Turkey**.
터키에 주목.(NW)

(fall on~)

❸　His eyes | fell | **on a huddle of these weirdos**.
그의 눈이 | 향했어 | 이러한 이상한 사람들의 무리에게.(1HP3)

(fasten on~)

❸ The eyes of every one in the synagogue │ were fastened │ **on him**.
회당의 모든 사람의 눈들은 │ 고정되었다 │ 그에게.(Lk4:20)

(focus on~)

❸ All eyes │ were focused │ **on her**.
모든 눈이 │ 집중했다 │ 그녀에게.(ECD1124) *인기 독차지하다.

(lock on~)

❸* The pilot's eyes │ were locked │ **on instruments**.
그 조종사의 눈들은 │ 고정되었어 │ 계기판에.(CaKr299)

(settle on~)

❸ Fache's dark eyes │ settled │ **on him again**.
파체의 검은 눈들이 │ 향했어 │ 그에게 다시.(DaVi39)

(feast on~)

❺* He │ feasted ‖ his eyes │ **on the beautiful painting**.
그는 │ 즐겼다 ‖ 눈을 │ 그 아름다운 그림에 주시하여.(EXD398)

[❺]* Travellers came [│ to feast ‖ their eyes │ **on the natural beauty** of the region].
여행자들은 [그곳의 자연경치를 즐기러] 찾아왔다.(EXD398)

(focus on~)

❺ ...he asked, │ focussing ‖ his eyes │ **on the slender figure**.
그는 물었다, 그의 눈을 가는 몸매에 고정시키면서.(TTK295)

(get on~)

❺ I │ got ‖ my eyes │ **on you**.
나는 │ 두었다 ‖ 눈을 │ 네게.(OUIA) *너를 지켜보아 왔어.

(have on~)

❺ I │ had ‖ my eyes │ **on you**; you do a good job.
자네를 지켜보았는데 일을 착실히 잘하고 있군.(EXD19)

cf❺ I │ have ‖ my sights │ **on you**.

나는 | 둔다 ‖ 시선을 | 네게.(WS)

(keep on~)

⑤ | Keep ‖ an eye | **on** the child.
　　| 지켜라 ‖ 한 눈을 | 그 애에게. *지켜보고 있거라.

⑤ From that time on Saul | kept ‖ a jealous eye | **on David.** 그날 후로 사울이 다윗을 주목하였더라.(1Sa18:9)

⑤ The police | are keeping ‖ an eye | **on** him.
　　경찰이 그를 감시하고 있다.(ECD1169)

⑤* | Keep ‖ an eye | **on my suite case** {while} I buy my ticket. 표를 살 (동안) | 유지해라 ‖ 한 눈을 | 내 가방에.(#ECD61)

⑤* You | have to keep ‖ your eyes | **on the road** {while} you are driving.
　　운전할 (동안) 너는 | 주목해야 해 ‖ 두 눈을 | 도로에.

(lay on~)

⑤ I'm aunt Bessie, who |'s never laid ‖ eyes | **on you.**
　　나는, 한번도 너를 본 적이 없는 베시 숙모야.(MR,#ECD152)

(set on~)

⟨⑤⟩ I loved Vivianna the first moment that ⟨ I | set ‖ eyes | **on her** ⟩. 나는 ⟨ 비비안나를 처음 봤을 ⟩ 때 그녀를 사랑했다.(EID757)

(turn on~)

⑤ All | turned ‖ their eyes | **on Frodo.**
　　모두가 | 돌렸어 ‖ 눈을 | 프로도에게.(1LR277) *주목하다.

[~사람 5] 지향/접촉[정신(+관념*) → 사람]

(지향/집착)

❶ My mind | was **on the girl.**
　　내 마음은 | 그 소녀에게 있었어.

❶ His thoughts | were **on the Phelan heirs.**

그의 마음은 | 펠란의 상속인들에게 있었어.(Te461)

❶ The Spirit of the Lord | is **on me**.
주의 성령이 | 내게 임하셨다.(Lu4:18)

 세 자리 문장

(come on~)

❸ When the Holy Spirit | comes **on you**,
성령이 | 되면 | 네게 임하게,(Ac1:7)

(rest on~)

❸ Yet the Spirit | rested | **on them**.
신이 | 임하였다 | 그들에게도.(Nu11:26)

(set on~)

[**❸**] I got my mind [| set | **on you**].
나는 내 마음을 [네게 고정] 했다. *내 마음은 네게 있다.

 네 자리 문장

(develop on~)

❺* She | developed ‖ a fixation | **on me**.
그녀는 | 하게 되었어 ‖ 집착을 | 내게.(BI)

(fasten on~)

❺* | Please do not fasten ‖ your attention | **on me**.
| 기울이지 마세요 ‖ 주의를 | 내게.(EPV434)

(fix on~)

❺ | | fix ‖ my thoughts | **on you**.
나는 | 고정해 ‖ 내 생각을 | 네게.(4SE56)

(get on~)

❺* | | got (or had)‖ a crush | **on her** at first sight.
나는 첫눈에 그녀에게 반했어.(EXD395)

(have on~)

❺* | Have ‖ pity | **on them**.
| 가져라 ‖ 동정심을 | 그들에게.

(put on~)

❺ He | put ‖ the Spirit | **on seventy elders.**
그는 | 하셨다 ‖ 신을 | 칠십 장로에게 임하게.(Nu11:25)

[~사람 6] 착용 [착용물 → 사람]

 두 자리 문장

(착용)

❶ I can't do anything { while } the dress | is **on you!**
그 옷을 네가 입고 있는 (동안), 나는 아무 일도 할 수 없다.

 세 자리 문장

(put on~)

❸ Clean, fresh, warmed clothes | were put | **on Jill.**
깨끗하고 상쾌하고 따뜻한 옷들이 | 입혀졌다 | 질에게.(CN601)

(sit on~)

❸ The dress | sits badly | **on her.**
그 옷은 | 맞지 않는다 | 그녀에게.

(strike on~)

A : Does this suit me?
이 옷 내게 어울려?

B : ❸ The outfit | is striking | **on you.**
그 옷이 딱 어울리네.(EXD73)

네 자리 문장

(look on~)

❼ That suit | looks awfully | good | **on you.**
그 옷은 | 보인다 | 매우 좋아 | 네 몸에.(MED) *어울리다.

❼ How does that hat | looks | V | **on me?**
그 모자는 | 보입니까 | 어떻게 | 저한테.(TEPS) *V = How

A : What do you think of these sunglasses?
　　이 선글라스 어때?

B : Those? ❼ They | look | strange | **on you**.
　　그거? 너한테 안 어울리는데.(TEPS)

(put on~)

❺ 　| Put ‖ the blanket | **on the baby**.
　　| 놓아라 ‖ 이 담요를 | 갓난아기에게 덮어.

❺ 　We | put ‖ fresh garment | **on him**.
　　우리는 | 입혔다 ‖ 새 옷을 | 그에게.(KL118)

❺ 　He | put「**on Bilbo**」‖ a small coat of mail.
　　그는 | 입혔어「빌보에게 (덮어)」‖ 작은 갑옷을.(Ho240)

(tie on~)

❺ 　Why, Scarlet, It's beautiful, | tie ‖ it | **on me**.
　　아니, 스칼렛, 아름답군요. 나한테 그걸 입혀봐 줘요.(GWW102)

[~사람 7] 소지 [물건(＋신체*) → 사람]

(소지)

❶ 　It |'s **not on** him.
　　그건 | 이 사람 몸에는 없어요.(WH51)

A : Have you got any money?
　　돈 가진 것 있니?

B : ❶ | Not **on** (or with) **me**, I am afraid.
　　　 | 내겐 없어, 유감이지만.(MED)

(find on~)

❸ 　A gun | was found | **on him**.
　　권총이 | 발견되었다 | 그의 몸에서.

❸ 　Heroin | was found | **on her**.

헤로인이 | 발견되었다 | 그녀의 몸에서.(MED)

(force on~)

❺ She said she didn't want the money, so I | had to force ‖ it | **on her**.
그녀는 그 돈이 필요 없다고 말했다. 그래서 나는 | 억지로 떠넘겨야 했다 ‖ 그 돈을 그녀에게.(EPV209)

(have on~)

❺* You | still have ‖ a mouth | **on you**.
너 | 여전히 가지고 있군 ‖ 입을 | 네게.(ECD152) *입이 거칠다.

❺ I | haven't ‖ a cent | **on me**.
나는 | 없다 ‖ 한 푼도 | 수중에.(TEPS)

❺ I | don't have ‖ any IDs | **on me**. I left them in my office. 난 | 안 가지고 있어요 ‖ 신분증을 | 몸에. 사무실에 뒀어요.(ECD259)

❺ He | had ‖ a pistol | **on him**.
그는 | 가졌다 ‖ 권총을 | 몸에.(MED) *소지하다.

A : ❺ Do you | have ‖ money | **on** (or with) you?
너 수중에 돈 가진 것 있니?

B : Not on (or with) me.
내겐 없어.(ECD60)

[~사람 8] 지향/접촉 [물건 → 사람]

(지향)

❶ The gun | was **on me**.
총이 | 나를 향했다.

❶ So the GPS dot | is obviously still **on him**.
GPS 점이 | 명백히 아직 그에게 있어.(DVC77)

 세 자리 문장

(fall on~)

❸ The spotlight | fell | **on the actress.**
스포트라이트가 | 비쳤다 | 그 여배우에게.

❸ The lot | fell | **on me.**
복권에 당첨되었어.(ECD1216)

(tell on~)

[❸] It looks as [if the pressure of work | is telling | **on you**].
[일의 중압감이 너에게 영향을 미치는 것] 같다.(EPV286)

 네 자리 문장

(keep on~)

❺ You | ought to keep ‖ tabs | **on them.**
너는 | 유지해야 한다 ‖ 딱지표를 | 그들에.(ECD522) *감시하다.

(put on~)

❺ Did you | put ‖ that thing | **on me?**
네가 | 올려 놓았니 ‖ 그것을 | 내 몸에?(Paradise)

(pull on~)

❺ He | pulled ‖ a knife | **on me** and asked for money.
우리는 | 끌어대었다 ‖ 칼을 | 내게 그리고 돈을 요구했다.(EXD315)

❺ The bank robber | pulled ‖ a gun | **on the cashier.**
그 은행 강도가 | 뽑아들었다 ‖ 총을 | 창구직원에게.(EID688)

(train on~)

❺ The bank robber | trained ‖ his gun | **on me.**
은행 강도가 나에게 총구를 들이댔다.(EPV433)

(turn on~)

❺ I | turned ‖ my torch | **on the man** hiding in the corner.
나는 | 돌렸다 ‖ 회중전등을 | 구석에 숨어있는 남자에게.(EPV434)

[사람 9a] 지향/접촉 [농담/트릭 → 사람]

(지향)

❶   The joke | was **on me**.
         그 농담은 | 날 빗댄 것이야.(EJD)

[❶]   I didn't see [that the joke | was **on me**].
         나는 알지 못했어 [그 농담이 | 내 얘기였을 줄].

(play on~)

❸   The joke | was played | **on me**.
         그 농담은 | 행해졌다 | 날 빗대어.

[❸]   I won't have the same trick [| played | **on me** again].
         나는 같은 트릭이 [내게 또 행해지게] 하지 않을 거야.(ECD971)

(do on~)

[❺]   Don't try [| to do ‖ a snow job | **on me**].
         [나를 속이려] 하지 마.(ECD970)

(play on~)

❺   He | often plays ‖ jokes | **on me**.
         그는 | 종종 놀린다 ‖ 농담으로 | 날.(#ECD161)

❺   He | played ‖ a mean trick | **on me**.
         그는 | 했다 ‖ 비열한 짓을 | 내게.(#ECD1131)

         cf❹ He | played ‖ me ‖ a mean trick.
                 그는 | 했다 ‖ 내게 ‖ 비열한 짓을.

[❺]   The children enjoyed [| playing ‖ tricks | **on the teacher**].   아이들은 [선생에게 트릭을 하는 것을] 즐겼다.(EJD)

A :   Your teacher told me you got all A's.
         선생님이 네가 모두 A학점을 받았다고 말했어.

B : Are you | playing ‖ a trick | **on me**?
장난치니?

A : No, I |'m serious.
아니, 진짜야.(EXD125)

(pull on~)

❺ He | had pulled ‖ a trick | **on everyone**.
그는 | 했다 ‖ 트릭을 | 모두에게.(RO136)

[❺] Don't try [| to pull ‖ a fast one | **on me**].
[나를 속이려] 하지 마.(ECD971)

(run on~)

❺ Are you | running ‖ your game | **on me**?
넌 | 노는 거냐 ‖ 게임을 | 내게. *날 가지고 노는 거야?

(try on~)

❺ | Do not try ‖ your thieving tricks | **on me**.
| 시도하려 하지마 ‖ 너의 도둑 같은 속임수를 | 내게.

[사람 9b] 지향/접촉 [비난/재앙 → 사람]

(지향/접촉)

❶ A curse | be **on him**.
저주가 | 그에게 (있기를).

❶ Shame | **on you**.
수치심은 | 네게 있기를. *창피한 줄 알아.

❶ Something | is **on him**.
무언가 (약점이) | 그에게 있다.

(come on~)

❸ His wrath | will come | **on you**.
진노가 | 임할 것이다 | 네게.(2Ch19:10)

(fall on~)

❸　Shame | falls | **on a family or clan.**
　　수치가 | 내리게 된다 | 가족이나 종족에게.(2ER55)

(non-verb on~)

❸　It | 's hard | **on me.**
　　그건 | 무리야 | 나한테.(ECD59)

(blame on~)

❺　I | blame ‖ it all | **on you.**
　　난 | 책임을 추궁한다 ‖ 모두 | 네게.

(bring on~)

❺　They | brought ‖ trouble | **on themselves.**
　　그들은 | 초래했다 ‖ 곤란을 | 그들에게.

❺　That useless piece of shit! Mike | brought ‖ this problem | **on all of us!**
　　그 아무 짝에도 쓸모없는 자식! 마이크 때문에 우리 모두 이 문제를 떠안게 됐잖아!(NQE)

(get on~)

❺　I won't stop until I | get ‖ my revenge | **on you.**
　　내가 너희에게 원수를 갚은 뒤 말리라.(Jdg15:7)

[❺]　Stop trying [| to get ‖ something | **on her**].
　　[그녀에게 피해를 줄만한 것을 찾으려고] 노력하지 마.(EID294)

[❺]　I'll hate to have him [| get ‖ anything | **on me**].
　　난 그가 [내 약점을 알아낼까봐] 두려워.(GG46)

(lay on~)

❺　| Don't lay ‖ the blame | **on me** alone.
　　| 하지 말아요 ‖ 비난을 | 내게만.(ECD146)

(let on~)

❺　My lord, | let ‖ the blame | **on me.**
　　내 주여 청컨대, 이 죄를 내게 돌리소서.(1Sam25:24)

(place on~)

❺　She tried [| to place ‖ the blame | **on her little sister**].

그녀는 [자기 여동생에게 비난이 가도록] 하려했다.(EID669)

(pour on~)

⟪⑤⟫ John deserved the scorn ⟨ that you | poured ‖ ∩ | **on him** ⟩.   존은 ⟨ 네가 그에게 퍼부은 ⟩ 비난을 받을 만했다.(EPV88) *∩ = scorn

(put on~)

⑤ They | put ‖ all the blame | **on me**.
그들은 | 돌렸다 ‖ 모든 비난을 | 내게.

[사람 9c] 지향/접촉 [책임 → 사람]

(부담하기)

❶ The responsibility | is **on me**.
책임은 | 내게 있다.

❶ Now the burden | is **on us** ⟨ to prove that your ex-wife is an unfit mother ⟩.
⟨ 당신의 전처가 부적합한 어머니라는 것을 입증할 ⟩ 부담은 | 우리에게 있어요.(K&K61)

❶ The burden of proof | will be **on the party** ⟨ challenging the distinctiveness of the trademark ⟩.
입증책임은 | ⟨ 상표의 현저성을 다투는 ⟩ 당사자에게 있다.

(fall on~)

❸ After my father died, it | fell | **on my brother** [to pay his debt].   부친 사망 후 그의 빚을 갚는 일은 형의 책임이 되었다.(EJD) *it = to~

(impose on~)

❸ An obligation of fair dealing | is imposed | **on each party** ⟨ to a franchise agreement ⟩.
공정거래의 의무가 | 부과된다 | ⟨ 프랜차이즈 계약의 ⟩ 당사자에게.

(take on~)

❺ You | can't take ‖ it all | **on yourself.**
너는 | 부담시킬 수 없어 ‖ 그 모든 것을 | 네 자신에게.(MR)

❺ You | take ‖ too much responsibility | **on yourself.**
너는 | 진다 ‖ 너무 많은 책임을 | 네 자신에게.(LOF46)

❺ He | took ‖ it | **on himself** [to accept the responsibility].
너는 | 졌다 ‖ 그걸 | 자신이 [책임을 승낙하는 것].(EPV364) *it = to~

(thrust on~)

❺ They | thrust ‖ the responsibility | **on me.**
그들은 | 떠넘겼다 ‖ 그 책임을 | 나에게.(EPV209)

[사람 9d] 지향/접촉 [비용 → 사람(+장소*)]

(부담하기)

❶ The drinks | are **on me.**
술값은 | 내 부담이야.

❶ Lunch | is **on me** today.
오늘 점심은 | 내가 낸다.

❶ The evening | was **on him.**
저녁은 | 그의 부담이었다.(Bre)

❶* The drinks | are **on the house.**
술값은 무료입니다.(DH)

A : I'll pick up the tab.
내가 낼게.

B : No, this | in **on me.** I owe you a dinner.
아니, 이번에는 내가 낼게. 저녁 한끼 신세졌잖아.(EXD25,311)

(fall on~)

❸   The expense | falls | **on me**.
　　비용은 | 부담이다 | 내.(ECD1162)

(have on~)

❺ | Have ‖ a drink | **on me**.
　　| 해라 ‖ 한 잔 | 내게 걸고.(EJD) *내가 한턱 낸다.

❺ | Have ‖ a couple of beers | **on me**.
　　| 마셔라 ‖ 맥주 몇 잔 | 내 부담으로.(CPD)

(give on~)

❾*   The bartender | gave ‖ us ‖ our drinks | **on the house**.
　　바텐더가 | 주었다 ‖ 우리에게 ‖ 술을 | 공짜로.(EID622)

[~사람 10] 지향/접촉 [돈 → 사람]

(지향/접촉; 내기/지출)

❶   All my money | is **on her**.
　　돈은 | 모두 그녀에게 쓰여진다.(TYC)

❶   My money | was **on Lee Man-gi**.
　　내 돈은 | 이만기에 걸었어.(ECD1154)

(bet on~)

❸   My money | was bet | **on Choe Hong-man**.
　　내 돈은 | 걸었다 | 최홍만에게.

88   50키워드영어 ON

❸ More money | was bet | **on the underdog** than favorite.
더 많은 돈이 | 걸렸다 | 대중의 선호하는 것보다 약자에게.

네 자리 문장

(bet on~)

❺ I | 'll bet ‖ my money | **on Choe Hong-man**.
나는 | 걸겠다 ‖ 돈을 | 최홍만에게.

❺* I | 'll bet ‖ my bottom dollar | **on it**.
나는 | 걸겠어 ‖ 가진 돈 전부를 | 그것에.(ECD531) *보증하다.

(put on~)

❺ Who | would put ‖ a penny | **on you**?
누가 | 걸겠니 ‖ 돈을 | 네게.(OUTA)

[~사람 11] 지향/접촉 [기타 관념 · 활동 → 사람]

두 자리 문장

(지향/접촉)

❶ Praise | be **on Him**.
경배를 | 하나님께.

❶ This idea | was **on me**.
이 아이디어가 | 내게 떠올랐다.

❶ The fit | was **on him**.
발작이 | 그에게 있었어.(JC134)

❶ Your hold | is **on me**.
당신이 | 날 꽉 잡고 있어요.

❶ Soon the iron grip of merciless hands | was **on him again**. 곧 무자비한 손이 강철같이 그를 꽉 붙잡았어.(2LR49)

세 자리 문장

(come on~)

❸ A great sleep | came | **on them**.
　　무거운 잠이 | 왔다 | 그들에게.(KA30)

(dawn on~)

❸ The idea | dawned | **on me** when I was in the bath.
　　목욕하는 중에 나는 그 생각이 확실해지기 시작했다.(EPV518)

(flash on~)

❸ A good idea | flashed | **on me**.
　　좋은 생각이 | 떠올랐어 | 내게.(ECD503)

(grow on~)

❸ The ridiculous habit | was growing | **on her**.
　　괴팍한 습관이 | 고착되고 있었다 | 그녀에게.

(run on~)

❸ The tests | was run | **on him**.
　　검사들이 | 행해졌다 | 그에게.(rn470)

 네 자리 문장

(cast on~)

❺ | Cast ‖ your cares | **on the Lord**.
　　| 던져라 ‖ 네 걱정을 | 주께.(Ps55:22)

(do on~)

[❺] Let's [| do ‖ a profile | **on him**].
　　우리 [그에 대해 뒷조사를] 하도록 하자.(TEPS)

(get on~)

❺ | Get ‖ a grip | **on yourself**.
　　| 해라 ‖ 통제를 | 자신에게.(TR) *정신차려라.

❺ You | really got | a hold | **on me**.
　　당신은 내 마음을 완전히 빼앗아 갔어요.(ECD556)

(have on~)

❺ We | have ‖ some evidence | **on him**.
　　우리는 | 있다 ‖ 약간의 증거가 | 그에 대해.

❺ We | don't have ‖ anything | **on this guy**. We'll have

to let him go.
우린 이 놈에 대해 아는 게 없어요. 보내 줘야 해요.(NQE)

(heap on~)

❺ | Do not heap ‖ praise | on him. A word or two is enough.
| 쌓지 마라 ‖ 칭찬을 | 그에게. 한 두 마디면 족해.(EPV228)

(run on~)

❺ We | ran ‖ tests | on both men.
우리는 | 했다 ‖ 검사를 | 양인에게.(RJ474)

(write on~)

❺ | Write ‖ a critical essay | on Shakespeare.
| 쓰라 ‖ 비판적이니 논문을 | 세익스피어에 관하여.

[~사람 12] 지향/접촉 [시간 → 사람]

(지향/접촉)

❶ Once again Christmas | is on us.
또 다시 크리스마스가 | 우리에게 다가온다.

❶ The wet season | was on us.
우기가 | 다가 왔어.

❶ Night | will be on us soon.
밤이 | 우리에게 덮칠 거야 곧.(2LR241)

(come on~)

❸ Night | is coming | on us.
밤이 | 오고 있다 | 우리를 덮쳐.

(steal on~)

❸ The spring | has stolen | on us.
봄이 | 몰래 왔다 | 우리를 덮쳐.(ECD1059)

(bring on~)

❺ The Lord | will bring 「**on you and on your people and on the house of your father**」 ‖ a time unlike any since Ephraim broke away from Juda.
여호와께서 에브라임이 유다를 떠날 때부터 당하여 보지 못한 날을 너와 네 백성과 네 아비 집에 임하게 하리니.(Isa7:17)

[~조직 1] 소속 [사람 → 집단·조직]

(~소속)

❶ He | was **on the staff** at the clinic.
그는 | 그 진료소 요원이야.

❶ All three of the blacks | were solidly **on board**.
흑인 세 사람 모두 | 확실히 이사회에 속했다 (이사였다).(RJ169)

❶ He | is **on the committee**.
그는 | 위원회의 일원이야.

❶ He | is **on the English Literature faculty**.
그는 | 영어과 교수야.(CPK24)

❶ He | is **on the jury**.
그는 | 배심원이다.(RJ)

❶ We | 're **on the team** too.
우리도 | 팀의 일원이야.(1HP153)

❶ It | 's **on my company**.
그건 | 회사에서 지불한다.(ECD461)

❶ He | is **on the marketing staff** of our company.
그는 | 우리 회사 판매부 소속이야.(CPK24)

cf❶ He | is a member of our company's marketing **staff**.

❶ He | is **on the town council**.
그는 | 읍의회 일원이다.

(get on~)

❸ She｜'s getting ｜ **on the board of directors** next year.
그녀는 내년에 이사가 된다더군.(NQE)

[❸] Professor Davis is anxious [｜ to get ｜ **on the key committees**].
데비스 교수는 [중요한 위원회의 일원이 되기를] 갈망한다.(EPV478)

(list on~)

❸ We ｜ are currently listed ｜ **on KOSDAQ**.
우리는 ｜ 현재 상장되어 있어 ｜ 코스닥에.

(play on~)

❸ He ｜ plays ｜ **on the team**.
그는 ｜ 뛰고 있어 ｜ 그 팀에 속해서.(UC&P)

(serve on~)

❸ He｜'ve never served ｜ **on the jury**.
그는 ｜ 활동한 적이 없다 ｜ 배심원에서.(RJ271)

[❸] Everyone is required [｜ to serve ｜ **on** at least **one committee**].
모두 [적어도 한 위원회의 위원을 맡아 일해야] 한다.(EPV478)

(settle on~)

❸ I had my choice of attending harvard or Yale. I ｜ settled ｜(the choice) **on Yale**.
나는 하버드나 예일에 선택권이 있다. 나는 예일로 정했다.(EID763)

(sit on~)

[❸] There is nothing more boring than [｜ sitting ｜ **on committees**].　[위원회의 일원으로 있는 것] 보다 더 따분한 일은 없다.(EPV478)

(non-verb on~)

❸ Who ｜ is the best hitter ｜ **on the Haitai team**?
누가 ｜ 최고 타자이니 ｜ 해태 팀에서?(ECD1095)

❸ He ｜ is a reporter ｜ **on the New York Times staff**.
그는 ｜ 기자이다 ｜ 뉴욕타임즈지(紙)의.

(have on~)

❺   Do you | have ‖ any handicaps | **on** the committee?
당신은 | 가졌느냐 ‖ 장애자를 | 그 위원회에.(DGU56)

(want on~)

❺   They | wanted ‖ him | **on** board.
그들은 | 원했다 ‖ 그를 | 이사회에 두기로.(rm163)

● [~조직 2] 접근/부착[사람·사물 → 집단·조직]

(지향/귀속)

❶   Our focus | must be **on** the Kingdom of God.
우리의 초점은 | 하나님의 나라에 맞춰야 한다.

❶   The burden | is **on** the government 〈 to demonstrate sufficient exigent circumstances to overcome the presumption 〉.
〈 추정을 번복하기 위해 급박한 사정을 충분히 진술할 〉 책임은 | 정부에 있다.

(gain on~)

❸   Morning Sun | gained | **on** Arazi, and finally won by a nose.   모닝 선은 | 바짝 추격했다 | 아라지에. 그리고 결국 근소한 차로 이겼다.(EPV140)

(blame on~)

❺   He | blamed ‖ all ills | **on** the gambling industry.
그는 | 비난했다 ‖ 모든 잘못을 | 도박 산업에게.(RJ287)

(bring on~)

⑤   Your behavior | will bring ‖ shame | **on the whole family.**   네 행동이 가문의 이름을 더럽힐 거야.(EPV324)

(make on~)

[⑤]   He intended [| to make ‖ a war | **on Jerusalem**].
그는 의도했다 [| 하기로 ‖ 전쟁을 | 예루살렘에 대해].(2Ch32:2)

(put on~)

[⑤]   They are intending [| to put ‖ pressure | **on the administration** to change its mind].
그들은 [행정부가 마음을 바꾸도록 압력을 가하려고] 의도한다.(LED)

신체 · 정신

[~신체 1a] 접촉 [사람 → 신체; back]

(~접촉)

❶ They | were **on their back**.
그들은 | 등을 바닥에 대고 누워 있었다. (1LR159)

❶ John's girlfriend | is **on his back** again.
존의 여자친구는 | 그를 다시 나무란다. (EID618)

(lie on~)

❸ The baby | was lying | **on his back**.
아기는 | 누워있었어 | 등을 대고.

❸ | Lie (or lay) | **on your back** (or stomach, right side), please. | 누워요 | 당신 등을 대고 (배를 깔고, 우측 옆구리로). (ECD282)

(carry on~)

❺ The Korean mother | carries ‖ her baby | **on her back**.
한국 어머니는 | 다닌다 ‖ 애를 | 등에 업고.

[~신체 1b] 접촉 [사람 → 신체; elbow]

(~접촉)

❶   Sam | was still **on** his elbows.
          샘은 | 여전히 팔꿈치들을 괴고 있었다.

(lean on~)

❸   Spicer | leaned | **on** his elbows.
          스파이서는 | 기댔다 | 팔꿈치들을 괴고.(Bre320)

[❸]   They sat there [| leaning | **on** their elbows].
          그들은 [팔꿈을 괴고] 거기에 앉아 있었다.

(raise on~)

❺   He | raised ‖ himself | **on** his elbow, squinting into the sun.   그는 | 올렸다 ‖ 몸을 | 팔꿈치로 괴고, 햇살에 눈을 찌푸리며.(CED)

[~신체 1c] 접촉 [사람 → 신체; foot]

(~접촉)

❶ | **On** your feet!
          | 네 발로 일어서라.(Mk10:49)

❶   Half the audience | was **on** its feet.
          청중의 반이 | 발로 서서 기립했다.(JP)

❶   Harry | was **on** his feet, (ready).
          해리는 | 섰어, (준비된 상태로).(2HP320)

❶   He | was **on** foot.
          그는 | 걸어가고 있었다.(Em25)

(come on~)

❸   I │'m coming │ **on foot**.
　　　　난 │ 올 거야 │ 걸어서.(ECD266)

(fall on~)

❸   We │'ve fallen │ **on our feet** and no mistakes.
　　　　우린 │ 잘 넘어졌어 │ 제 발로 실수 없이.(CN111) *진짜 운이 좋았어.

(get on~)

❸   │ Get │ **on your feet**.
　　　　│ 일어나 │ 네 발로.

❸   You can make it your own {until} you │ get │ **on your feet**.   네가 자립할 때까지 이 집을 네 것처럼 사용해도 돼.(MR)

(help on~)

❸   She │ was helped │ **on her feet**.
　　　　그녀는 │ 도와졌다 │ 발로 일어서게.

(land on~)

❸   You │'re gonna land │ **on your feet**.
　　　　넌 │ 착륙할 거야 │ 네 발로.(K&K66) *잘 해 나갈 거야.

❸   Patricia was nearly bankrupt after her divorce, but she found a good job and │ landed │ **on her feet**.
　　　　페트리샤는 이혼 후 거의 파산했지만 좋은 직장을 찾아 잘 헤쳐나갔다.(EID489)

(run on~)

❸   Many │ ran │ **on foot** (from all the towns).
　　　　많은 사람이 (모든 고을로부터) 도보로 달려왔다.(Mk6:33)

(set on~)

❸   At last they │ were set │ **on their feet** once more.
　　　　그들은 │ 서게 되어졌다 │ 자신들의 발로.(2LR317) *땅에 내려졌다.

(stand on~)

❸   │ Stand │ **on your feet**.
　　　　│ 서라 │ 네 발로.(Ac26:15)

❸   Now that you've got a job, you │ should stand │ **on your two feet**.
　　　　이제 일자리를 가졌으[니], 너는 자립해야 해.

(step on~)

❸ Ouch! Someone | stepped | **on my foot**.
아야! | 누가 | 밟았다 | 내 발을.(ECD231,837)

(think on~)

❸ Pauline | thinks | **on her feet** really well!
폴린은 정말 생각이 빨리 돌아간다니까!(EID892)

(non-verb on~)

❸ My grandson is 19 months old, | not steady | **on his feet**, and almost fell over.
내 손자는 19개월 되는데 아직 잘 못 서고 잘 넘어긴다.(EXD126)

 네 자리 문장

(come on~)

⌜❻ I | had to come ‖ to school ⌜**on foot**. this morning.
나는 | 와야 했다 ‖ 학교에 ⌜걸어서 오늘 아침.(EJD)

❼ He | came | across the desert | **on foot**.
그는 | 왔다 | 사막을 가로질러 | 도보로.

(get on~)

❺ They | got ‖ him | **on his feet**.
그들은 | 했다 ‖ 그를 | 제 발로 서게.

❼ | Get | up | **on your feet**.
| 해라 | 일어서도록 | 네 발로.

❼ Can I | get | there | **on foot**?
나는 | 갈 수 있나요 | 거기에 | 걸어서?

(go on~)

⌜❻ I | go ‖ to school ⌜**on foot**.
나는 | 간다 ‖ 학교에 ⌜걸어서.(EJD)

❼ I | went | up | **on foot**.
나는 | 갔다 | 올라 | 도보로.

(help on~)

❺ They | helped ‖ him | **on his feet**.
그들은 | 도왔다 ‖ 그를 | 제 발로 서게.

(see on~)

[❺]　It's good [| to see ‖ you | **on your feet**].
　　　[네가 다시 건강해 진 것을 보니] 좋구나.(EID616)

(set on~)

❻　Dumbledore | set ‖ him | **on his feet**.
　　덤블도어는 | 했다 ‖ 그를 | 제 발로 서게.(4HP583)

(travel on~)

❼　Marta | traveled | all <u>over</u> India | **on foot**.
　　마르타는 | 여행했다 | 인도 전역을 | 걸어서.(EID614)

● [~신체 1d] 접촉 [사람 → 신체; hand]

(~접촉)

❶　They | were **on their hands** and knees.
　　그들은 | 손과 무릎으로 엎드려 있었다.

(come on~)

❷　| Come | **on hand**. Please come on.
　　| 오너라 | 손 가까이. 자, 가까이 와.(O&S76)

(rest on~)

❸　We | rested | **on our hands** and knees.
　　우리는 | 쉬었다 | 손과 무릎으로 엎드려.

(sit on~)

❸　They | were sitting | **on their hands**.
　　그들은 | 앉아있었다 | 손위에.(ECD70) *수수방관하다.

❸　| Don't just sit | **on your hands!** Help me with this luggage! 가만히 있지 마! 내가 이 짐을 드는 걸 도와줘!(EID784)

(walk on~)

❸   Can you | walk | **on your hands**?
     너는 | 걸을 수 있니 | 물구나무서서?

(get on~)

❼   Babies | go | about | **on their hands** and knees.
     애기들은 | 다닌다 | 이리저리 | 네 발로 기어.

(have on~)

[❺] It isn't fair [that poor Letty | should have ‖ him | always **on her hand**].
     [가엾은 레티 이모가 그를 계속 데리고 살아야 한다는 것은] 말이 안 돼.(CN140)

● [~신체 1e] 접촉[사람 → 신체; knee]

(~접촉)

❶   I | am **on my knees**.
     나는 | 무릎꿇고 있다.(WS)

❶   And all the time we | were **on our knees**.
     그리고 항상 우리는 | 무릎을 꿇고 있었어.(Zhi506)

(beg on~)

❸   He | was begging | **on his knees** (for forgiveness).
     그는 | 빌고 있었어 | 무릎을 꿇고 (용서를).

(fall on~)

❸   She | fell | **on her knees**.
     그녀는 | 쓰러졌어 | 무릎꿇고.(3LR48)

(kneel on~)

❸   He | knelt | **on one knee**.

그는 | 꿇었어 | 한쪽 무릎을.(3LR39)

(sink on~)

❸   He | sank | **on one knee.**
그는 | 꿇었어 | 한 무릎으로.(3LR64)

(break on~)

[❺]   Let us [| break ‖ the bread (together) 「**on our knees**].
우리 하자 [| 떼도록 ‖ 빵을 (함께) 「우리 무릎을 꿇고].(PS)

(get on~)

❺   They | got ‖ him | **on his knees.**
그들은 | 했다 ‖ 그를 | 양 무릎을 꿇게.

(push on~)

❺   They | pushed ‖ him | **on his knees.**
그들은 | 밀었다 ‖ 그를 | 양 무릎을 꿇게.

[~신체 1f] 접촉[사람 → 신체; toe/tiptoe]

(~접촉/집중)

❶   He | 's really **on his toes** now.
그는 | 지금 정말로 집중하고 있어.

❶   Everyone, | **on your toes**! The enemy is attacking!
모두들, 경계! 적이 다가오고 있다!(EID617)

(go on~)

❸   She | went | **on tiptoes.**
그녀는 | 갔다 | 뒤꿈치 들고.(CN556)

(keep on~)

❸ You | keep | **on your toes**. {and} be humble. Watch your steps.   너는 집중하여(서) 겸손하거라. 주의해라.

(seem on~)

❸ He | seems | to be **on his toes** now.
그는 | 같아 | 지금 집중하고 있는 것.

(stand on~)

❸ People | stood | **on tiptoe** (to get a good look at him).
사람들은 | 섰다 | 까치발을 들고 (그를 한 번 보려고).(1HP131)

(stay on~)

❸ | Stay | **on your toes**.
| 머물라 | 발꿈치로.(PM) *집중, 대비

(step on~)

❸ Mark is mad at me because I | stepped | **on his toes** (by doing some of his work for him).
마크는 (내가 그를 위해 일을 좀 해주는 바람에) 감정을 상하게 했기 때문에 내게 매우 화가 나 있다.(EID825)

A : Oops! Sorry! [❸] I didn't mean [| to step | **on your toes**].
앗! 미안해요! 일부러 [발을 밟은 건] 아니예요.

B : Think nothing of it. I shouldn't have stuck my feet out so far.   괜찮아요. 발을 내밀고 있는 게 아닌데 그랬어요.(EXD126)

(walk on~)

❸ I | had to walk | **on my tiptoes** so I wouldn't wake up my wife.   나는 아내를 깨우지 않으려고 발꿈치를 들고 걸어야 했다.(EID617)

네 자리 문장

(get on~)

[❺] I see this as a chance [| to get || my people | **on their toe** again].
난 이것이 [요원들을 다시 긴장시키는] 좋은 기회라고 봐.(GT104)

(keep on~)

❺ (It) | Keeps || you | **on your toes**.

사람을 항상 긴장 상태에 있게 하죠.(Dis81)

(stand on~)

❺ Xena grabbed the man and │ stood ‖ him │ **on tiptoe**.
제나는 그 남자를 잡아(서) │ 세웠다 ‖ 그를 │ 까치발로.

(keep on~)

❿ My children │ keep ‖ me │ **on my toes** ‖ with their questions. 내 아이들은 질문을 해서 나를 매우 신중하게 한다.(EID617)

[~신체 1g] 접촉 [사람 → 기타 신체]

(~접촉)

❶ I │ am **on my last legs**.
나는 │ 기진맥진하다.

❶ He │ is **on my nerve**.
그는 │ 내 신경을 건드린다.

❶ At least Hermoine │'s **on Snape's tail**.
최소한 허모인은 스네이프의 꽁무니에 바짝 붙어있지.(1HP248)

(cry on~)

〈❸〉 You need a shoulder 〈│ to cry (or lean) │ **on** ∩〉.
너는 〈울 (기댈) 수 있는 〉 어깨가 필요해.(TEPS) *∩=a shoulder

(fall on~)

❸ He │ fell │ **on his face**.
그는 │ 넘어졌어 │ 얼굴로 (땅에 닿게).

❸ If you stand, you │'ll fall │ **on your face** or │ fall │ right **on your rear end**.

네가 일어서면 앞으로 넘어지거나 엉덩방아를 찧을 거야.(EXD126)

(get on~)

❸   He | gets | **on my nerves.**
       그는 | 건드리고 있어 | 내 신경을.

(lay on~)

[❸]   I saw Jane [| laying | **on her stomach** (next to swimming pool)].
       나는 제인이 [(수영장 옆에서) 배를 깔고 누워 있는 것을] 보았다.(EXD123)

(rise on~)

❸   The child | rose | **on its legs.**
       아기는 | 일어섰다 | 제 발로.(MS44)

(sleep on~)

❸   I | sleep | **on my stomach.**
       난 | 잔다 | 엎드려.(ECD1185)

(stand on~)

❸   And yet you | incessantly stand | **on your head.**
       그런데도 너는 | 계속 서 있군 | 머리로 (물구나무로).(AIWL37)

⟨❸⟩   I don't have **a leg** ⟨ | to stand | **on** ∩⟩.
       ⟨ 나는 설 수 있는 ⟩ 다리가 없다.(ECD42)*변명여지가 없다. *∩=a leg

(turn on~)

❸   She | turned | **on her heel.**
       그녀는 | 돌았다 | 발굽으로.(EJD) *화를 내거나 간절함.

네 자리 문장

(go on~)

❼   I | can't go | out | **on a limb.**
       나는 | 갈 수 없다 | 밖에 | 한쪽 다리로 (위태하게).(Dis103)

(stand on~)

❺   He | stood ∥ me | **on my head.**
       그는 | 세웠다 ∥ 날 | 머리로 (물구나무).

[～신체 2] 접촉/부착 [신체 → 신체]

(～접촉/부착)

❶ The brown blotches of the benevolent skin cancer | were **on** his cheeks.
    가벼운 피부암의 갈색 반점이 | 그의 양 볼에 있었다.(O&S4)

❶ There is a mole **on** her chin.
    점 한 개가 | 그녀 턱에 있다.

❶ His blood | will be **on** his own head.
    그 피가 | 자기에게로 돌아가리라.(Lev20:9)

❶ Cho's head | was **on** Hermoine's shoulder.
    조의 머리는 | 허마니의 어깨에 놓여있었다.(4HP434)

(fall on～)

❸ The thick, wavy hair | fell perfectly | **on** her shoulders.
    두터운 곱슬머리가 | 정확하게 흘러내렸다 | 어깨 위에.(TTK296)

(drop on～)

❺ Ross | dropped ‖ his head | **on** his knees.
    로스는 | 떨어뜨렸어 ‖ 머리를 | 무릎 위에.(Fm417)

(feel on～)

❺ Harry | felt ‖ a hand | **on** his shoulder.
    해리는 | 느꼈다 ‖ 한 손을 | 어깨에.(1HP224, 3HP42)

(head)

❺ Ouch! Ah, I | 've got ‖ a lump | **on** my head.
    아야! 어휴 머리에 혹이 생겼네.

(have on～)

⑤ I | have ‖ a stubborn boil | **on my back.**
나는 | 있다 ‖ 딱딱한 종기가 | 등에 붙어 (생겨).(ECD321)

⑤ She | has ‖ a mole | **on her chin.**
그녀는 | 있다 ‖ 한 점이 | 턱에.(TAT62)

⑤ I | have ‖ severe frostbite | **on my hands.**
나는 | 걸려 있다 ‖ 심한 동상이 | 손에.(ECD306)

⑤ I | have ‖ calluses | **on my palm.**
난 | 있어요 ‖ 못이 박혀 | 손바닥에 못이.(ECD281)

⑤ You | always did have ‖ a head | **on your shoulders.**
너는 | 항상 두었어 ‖ 머리를 | 어깨 위에.(Champ) *자신만만했다.

⑤ He | has ‖ a good head | **on his shoulders.**
그는 상식이 있는 (현명한) 사람이다.(ECD1136)

⑤ He | has ‖ an old head | **on young shoulders.**
그는 꽤가 많은 젊은이다.(ECD1119)

⑤ My wife | really has ‖ a good head | **on her shoulders!**
내 아내는 정말로 현명한 사람이야!(EID359)

(lay on~)

⑤ I |'ll never lay ‖ a finger | **on your dirty body** again.
나 | 안올려 놓을 게 ‖ 손가락 하나도 | 네 몸에 다시.(Paradise)

(look on~)

A : ⑤ I | Look ‖ at these goose bumpers | **on my arm.**
 | 보아요 ‖ 소름 끼치는 것 | 내 팔에.

B : I have goose bumps all over, too.
나도 온몸에 소름이 끼쳐요.(ECD174, EXD38)

(put on~)

⑤ I | put ‖ my hand | **on his arm.**
나는 | 댔다 ‖ 내 손을 | 그의 팔에.(WS22)

⑤ That |'ll put ‖ hair | **on your chest.**
그건 | 할 거야 ‖ 털이 | 가슴에 나게. *그걸 마시면 기운이 난다.

⑤ She | put ‖ her hand | **on her forehead.**
그녀는 | 댔다 ‖ 그녀의 손을 | 이마에.

(rest on~)

❺   Mitch | rested ‖ his elbows | **on his knees**.
     밋치는 | 내려놓았다 ‖ 팔꿈치를 | 무릎 위에.(Fm235)

(set on~)

❺   He | set ‖ his foot | **on his head**.
     그는 | 놓았다 ‖ 그의 발을 | 그의 머리에.(KA5)

(strike on~)

❺   Tarry | stuck ‖ his elbows | **on his knees**.
     태리는 | 박았다 ‖ 팔꿈치를 | 무릎 위에.(Fm417)

 [~신체 3] 부착/접촉 [사물 → 신체]

(~부착/접촉)

❶   It (= the ring) | 's still **on my finger**.
     그 반지는 | 아직 내 손가락에 있어.(BH83)

❶   **On their fingers** were⌐ many rings.
     그들 손가락에 끼여져 있었어⌐ 많은 반지들이.(1LR159)

❶   Time | is **on my hands**.
     시간이 | 내 손에 있다.

❶   It | 's gonna be **on my head**.
     그것 (책임은) | 내게 있게 돼.(WYS39)

❶   Well, **on your head** be⌐ it!
     저, 그것은 | 당신 책임으로!(5HP181)

❶   **On your head** be⌐ it if you skip class today.
     오늘 네가 수업 빼먹으면 너 스스로 책임져야 할 거야.(EID616)

❶   There was⌐a thin circlet | **on his head**.
     얇은 황금고리가 | 그의 머리에 얹혀있었다.(CN563)

❶   **On their heads** were⌐ circlets.
     그들 머리에 꽂혀 있었다⌐ 장식핀들이.(1LR159)

❶   Your guess | are right **on the nose**.
     네 추측이 | 딱 맞았다.(ECD524)

❶   The movement 〈 you need 〉| is **on your shoulders.**
　　〈 네가 필요한 〉 움직임은 | 네 어깨에 있어. *네가 그 일 해야 해.

(dawn on~)

❸   A look of excitement | dawned | **on her face.**
　　흥분된 표정이 | 떠올랐다 | 그녀 얼굴에.(4HP230)

(flicker on~)

❸   A painful smile | flickered | **on Brom's face.**
　　고통스런 미소가 | 스쳤다 | 브롬의 얼굴에.(1ER399)

(get on~)

❸   I don't like jazz, it | gets | **on my nerves.**
　　나는 재즈를 좋아하지 않는다. 그 음악은 내 신경을 건드린다.

❸   Please stop whistling. It|'s getting | **on my nerves.**
　　제발 휘파람 좀 그만 부세요. 그 소리가 제 신경을 거슬립니다.

❸   My wife's complaining | really gets | **on my nerves.**
　　아내의 불평은 정말로 나를 짜증나게 한다.

(apply on~)

❺   She | applied ‖ the dye | **on her hair.**
　　그녀는 | 발랐다 ‖ 염색약을 | 머리에.

(carry on~)

❺   They | are carrying ‖ bags | **on their shoulders.**
　　그들은 | 운반하고 있어 ‖ 가방들을 | 어깨 위에 메고.

(close on~)

A :   What happened to your finger?
　　너 손 어떻게 된 거야?

B :   ❺ I | closed ‖ the door | **on it.**
　　손이 문에 끼였어.(TEPS)

(feel on~)

⑤ Harry | could feel ‖ cold sweat | **on his forehead.**
해리는 | 느낄 수 있었다 ‖ 식은 땀을 | 이마에서.(2HP277)

(get on~)

⑤ I|'ve got ‖ a monkey | **on my back.**
난 | 있다 ‖ 원숭이가 | 내 등에. *버리지 못하는 습관이 있다.

⑤ He | finally got ‖ all his clothes | **on the right parts of his body.** 그는 | 결국 됐다 ‖ 모든 옷을 | 제대로 몸에 부착하게 (입게).(4HP205)

⑤ He|'s got (or has)‖ a chip | **on his shoulder.**
그는 | 달았다 ‖ 나무토막을 | 어깨에.(Sph83) *거만하다.

⑤ I|'ve got ‖ pain | **on the right side of my abdomen.**
난 | 있어요 ‖ 통증이 | 우측 옆구리에.(ECD306)

⑤ He | got ‖ a blow | **on the head.**
그는 | 되었다 ‖ 한 방 맞게 | 머리에.

A : ⑤ I | got ‖ something | **on my chest.**
나는 | 있어 ‖ 무언가 | 가슴에. *말못할 사정이 있다.

B : What's it」 Out with it. Get it off your chest.
뭐니」 말해 봐. 속 시원히 털어나 봐.(ECD121)

(hang on~)

⑦ Time | hangs | heavy | **on my hands.**
시간이 | 걸려있다 | 무겁게 | 내 손에.(ECD166) *지루하다.

(have on~)

⑤ I | have ‖ perspiration | **on my back.**
나는 | 난다 ‖ 땀이 | 등골에.(ECD174)

⑤ He | has ‖ milk | **on his chin.**
그는 | 있어 ‖ 우유가 | 턱 (끝) 에. *아직 풋내기이다.

⑤ You | have ‖ a health glow | **on the face.**
당신은 | 갖고 있군요 ‖ 건강한 윤기를 | 얼굴에.(ECD1009)

⑤ Fudge | still had ‖ that strange smile | **on his face.**
퍼지는 | 아직 가졌다 ‖ 이상한 미소를 | 얼굴에.(4HP612)

⑤ She | had ‖ plastic surgery | **on her face.**
그녀는 | 했다 ‖ 성형수술을 | 얼굴에.(ECD307)

⑤ He | has ‖ a cap | **on his head.**

그는 | 있다 ‖ 모자를 | 머리에 쓰고.

⑤ He | has ‖ a price | **on his head.**
그는 | 있다 ‖ 상금이 | 그의 목에 걸려.(ECD1169)

⑤ He | has ‖ no cash | **on hand.**
그는 | 없어 ‖ 현금이 | 손에.

⑤ I | have ‖ a lot of tartar | **on my teeth.**
나는 | 있다 ‖ 치석이 많이 | 잇발에 붙어.(ECD319)

⑤ I | have ‖ a pain | **on this part.**
나는 | 있다 ‖ 통증이 | 이 부분에.(ECD280)

A : Hammie, ⑤ What do you | have ‖ V | **on your feet?**
하미 너 발에 무얼 신고 있니?   ※ V = What

B : Dad's mud boots. Today is ironic shoe day at school.
아빠 흙투성이 장화(요). 오늘은 학교에서 아이러니한 신발을 신는 날이래요.(Baby Blues)

(keep on~)

⑤ | Keeps ‖ a shawl | **on your shoulders.**
   | 걸쳐요 | 숄을 | 어깨에.(GWW74)

(notice on~)

⑤ Did you | notice ‖ that subtle smile | **on her face?**
넌 | 눈치챘니 ‖ 묘한 미소를 | 그녀 얼굴에서.(ECD545)

(press on~)

⑤ | Press ‖ this | **on your arm** until the bleeding stops.
피가 멎을 때까지, 이걸 팔에 붙여 누르세요.(ECD317)

(put on~)

⑤ It (= money) | puts bread and meat in your stomach, and ‖ a coat | **on your back.**
돈이 네 배에 빵과 고기를 넣어주고 코트를 등에 덮어준다.(WS39)

⑤ The men | put ‖ worn and patched sandal | **on their feet.** 그 사람들은 | 신었다 ‖ 낡고 기운 신을 | 발에.(Jos9:5)

⑤ I | put 「**on his feet** ‖ his black velvet Chinese shoes.
나는 | 신겼다 ‖ 그의 양발에 | 검은 벨벳의 중국신발을.(LFP)

⑤ She | put ‖ a ring | **on her finger.**
그녀는 | 끼었다 ‖ 반지를 | 손가락에 (붙여).(EJD)

⑤ You | did not put || oil | **on my head.**
너는 내 머리에 기름을 붓지 않았다.(Lk7:45)

⑤ | Put || a zipper | **on your mouth!**
| 놓아라 || 지퍼를 | 입에 채워.(ECD135) *입닥쳐.

⑤ I | put || a yoke | **on her fair neck.**
나는 그 아름다운 목에 멍에를 메우고(Hos10:11)

⑤ They (= shoes) | put || too much pressure | **on my toe.**
구두가 | 준다 || 너무 많은 압력을 | 발가락에.(ECD357) *꽉낀다.

[참고] 목적어 생략 구문

⑤ I | have to put ||(?)| **on my face.**
나 얼굴 좀 만져야 하겠어요.(ECD1011) *(?) = something 생략

(set on~)

⑤ I |'ll slip || that (= bracelet)| **on my own wrist.**
나는 | 슬며시 껴야겠다 || 그 팔찌를 | 내 손목에.(CN464)

(wear on~)

⑤ He | wore || it | **on his thigh.**
그는 | 부착했어 || 그것을 | 그의 넓적다리에.(DVC302)

[~정신] 부착[사람·사물 → 정신(+관념*)]

(~부착)

❶ You | were always **on my mind.**
너는 | 항상 내 맘에 있었어.(Pops)

[❶] I know [what |'s **on your mind**].
나는 알아 [네가 무슨 생각하는지].

❶ Lunch | was certainly **on their minds.**
그들은 | 확실히 점심 생각이 났다.(Bre423)

❶* It | wasn't **on purpose.**
그건 | 고의가 아니었다.

A : Mr. Smith, are you free this Friday evening?

스미스 씨, 이번 주 금요일 저녁에 시간 있으세요?

B : Let me see. ❶ What |'s **on your mind**?
글쎄요. 무엇 때문에 그러시죠.(ECD804)

(do on~)

❸* It | wasn't done | **on purpose**.
그건 | 하지 않았다 | 고의로.

(weigh on~)

❸ Examinations | weigh | **on my mind** all the time.
시험들이 | 눌러 | 내내 내 마음을.

[❸] I know [what |'s weighing | **on your mind**]?
나는 알아 [무엇이 | 누르는지 | 네 마음을].

(do on~)

「❻* I | didn't do ‖ it | **on purpose**.
나는 | 하지 않았다 ‖ 그걸 | 고의로.(ECD38)

(have on~)

❺ I | have ‖ something | **on** (or in) **my mind**.
나는 신경 쓰이는 일이 있어.(ECD120)

❺ Don't bother Jim today. He | has ‖ a lot | **on his mind**.
오늘은 짐을 귀찮게 하지 마라. 그는 걱정이 많아.(EID360)

A : Mr. Garrison, can I have a word with you?
게리슨 씨, 얘기 좀 나눌 수 있을까요?

B : Sure. ❺ What do you | have ‖ ∨ | **on your mind**?
그럼요. 무엇이 마음에 두고 있는가요?(ECD938)

(keep on~)

❺ I | keep ‖ you | **on my mind** both day and night.
나는 | 간직하고 있어 ‖ 너를 | 네 마음에.

사람 짝수형

[~사람·조직 1] 의존/이익 대상 [사람·사물 → 사람·조직]

(attend on~)

❷ She | attended ‖ **on the sick boy**.
그녀는 | 돌보았다 ‖ 병든 소년에 대해.

cf❶ **The sick boy** | was attended (‖) **on**.
병든 소년은 | 돌보아졌다 (‖) (그에) 대해.

(bank on~)

❷ You | can bank ‖ **on me**.
넌 | 믿어도 돼 ‖ 내게. (ECD969)

(count on~)

❷ Can I | count ‖ **on you** (or your help)?
나 | 기대할 수 있을까 ‖ 네게 (네 도움에). (ECD126)

(depend on~)

❷ You | can depend ‖ **on me**.
너는 | 의존해도 돼 ‖ 내게.

(grow on~)

❷ He | grew ‖ **on me** after a while.
얼마 후 나는 그가 좋아지게 되었어.

❷ This place | has grown ‖ **on me**.
이 장소가 | 자랐다 ‖ 내게 대해. *좋아지게 되다.

(rely on~)

❷ You | may rely ‖ **on that man**.
너는 | 믿어도 좋다 ‖ 그 사람에 대해.

cf❶ **That man** | may be relied (‖) **on**.
그 사람은 | 믿어져도 좋다 (‖) (그에) 대해.

(smile on~)

❷ God | smiled ‖ **on me** when I met Viviana.
내가 비비안나를 만났을 때 신이 내게 호의를 베푼 것이다.(EID794)

(wait on~)

❷ He | would wait ‖ **on her** until twelve.
그는 | 기다렸을 것이다 ‖ 12시까지 그녀를.(Pel211)

❷ She | waited ‖ **on her husband**.
그녀는 | 시중들었다 ‖ 남편을.

cf❶ I | 'm being waited (‖) **on**.
난 | 주문받아 갔어요.

❶ Have you | been waited (‖) **on**?
손님 | 주문하셨어요.

(work on~)

❷ These pills | will work ‖ **on you**.
이 약은 너에게 효과가 있을 것이다.

(count on~)

❹ You | can count ‖ **on me** ‖ for that.
넌 | 의지해도 돼 ‖ 내게 ‖ 그것에 관해.(ECD970)

(depend on~)

❹ She | depends ‖ **on her father** ‖ for money.
그녀는 | 의지한다 ‖ 아버지에게서 ‖ 돈을.

(rely on~)

❹ You | may rely ‖ **on that man** ‖ his discretion.
너는 | 믿어도 좋아 「그 사람을 ‖ 그의 사려 분별을.

cf❷ That man | may be relied ‖ his discretion (‖) **on**.
그 사람은 | 믿어져도 좋다 ‖ 사려분별 (‖) (그에) 대해.

(set on~)

❹ The boss | sets ‖ great store ‖ **on the new programmer**.
사장님은 새로운 프로그래머를 대단히 여기신다.(EID758)

[~사람 · 조직 2] 적대/불리 대상 [사람 · 사물 → 사람 · 조직]

(break on~)

❷   My hair dryer | broke ‖ **on me**.
　　내 드라이기가 | 고장 나서 ‖ 날 성가시게 했다.

(cheat on~)

❷   She | 's cheating ‖ **on her husband**.
　　그녀가 | 속이고 있다 ‖ 그녀 남편을.(PPV&ECD1181) *바람피우다.

(die on~)

❷   His wife | died ‖ **on him**.
　　그의 아내는 | 죽었다 ‖ (간호하던) 그를 남기고.

(rattle on~)

❷   You traitor! You | have ratted ‖ **on us**.
　　이 배신자! 네가 | 밀고 했구나 ‖ 우리에 대해.(EPV439)

(squeal on~)

❷   He | squealed ‖ **on Hagrid**.
　　그는 | 고자질했다 ‖ 해그리드에 대해.(2HP250)

(tell on~)

❷   She | told ‖ **on his sister**.
　　그녀는 | 고자질했다 ‖ 그녀 동생에 대해.

❷   The heat | told ‖ **on him**.
　　더위가 | 지치게 했다 ‖ 그에게.(MED)

(turn on~)

❷   I thought I could trust Eugene with my wallet, but he | turned ‖ **on me** and stole my money.
　　나는 유진에게 내 지갑을 맡겨도 된다고 생각했지만, 그는 나를 배신하고 내 돈을 훔쳤다. (EID926)

(go on~)

❻   The fire | went | out ‖ **on us.**
불이 | 갔다 | 나 ‖ 우리에 대해 곤란하게.(EJD)

❻   The light | went | out ‖ **on us.**
전등이 | 갔다 | 나 ‖ 우리에 대해. *전등이 꺼져서 곤란했다.

(hang on~)

[❹]   The police are trying [| to hang ‖ the murder ‖ **on an old tramp**].
경찰은 나이 든 부랑자에게 살인 누명을 씌우려 하고 있다.(EPV435)

(tell on~)

❹   You | 've been telling ‖ your mother ‖ **on me.**
넌 | 고해 바쳤다 ‖ 네 엄마에게 「나에 대해 몽땅.(GWW69)

❹   If you don't stop flirting with that woman, I | 'm going to tell ‖ your wife ‖ **on you!**
너, 그 여자와 시시덕거리는 걸 그만두지 않으면 내가 네 부인한테 말할 거야!(EID881)

(raise on~)

❹   Once again he | raised ‖ the rent ‖ **on us.**
또다시 그는 | 올렸다 ‖ 집세를 ‖ 우리에게.

(turn on~)

❹   He | never turns ‖ his back ‖ **on a friend** in need.
그는 | 결코 돌리지 않아 ‖ 등을 ‖ 곤경에 있는 친구에게. *저버리다.

(walk on~)

❻   He | walked | out ‖ **on his wife** (or family).
그는 | 걸어 | 나갔다 ‖ 아내 (가족) 에 대해. *아내 (가족) 을 버리다.

[~사람·조직 3] 접촉/부착 대상 [사람·사물 → 사람·조직]

(become on~)

❷ This hairdo | is very becoming ‖ **on you**.
그 머리 모양이 | 잘 어울려 ‖ 네게.

(call on~)

❷ We | called ‖ **on him**.
우리는 | 방문했다 ‖ 그를.

❷ Why don't we | call ‖ **on grandma** when we go down to Busan? 부산에 내려가면 할머니 댁에 들르는 게 어때?(NQE)

(plan on~)

❷ Are you | planning ‖ **on a big family**?
너는 | 계획하니 ‖ 대 가족을?

(prevail on~)

[❷] I tried [| to prevail ‖ **on him** (to stay)].
나는 애썼어 [| 설득하려고 ‖ 그에게 | 머물도록].

(work on~)

❷ The children | worked ‖ **on their father** all evening long, but they couldn't get him to changed his mind about their curfew.
아이들은 저녁 내내 아버지를 설득했지만 그들은 야간외출금지에 대한 아버지의 마음을 바꿀 수 없었다.(EID983)

(non-verb on~)

❷ Green | is very becoming color ‖ **on you**.
초록은 네게 잘 어울리는 색이야.

네 자리 문장

(force on~)

❹ He | forced ‖ the money ‖ **on me**.
그는 | 강요했다 ‖ 그 돈을 ‖ 내게 떠넘기려고.

(impress on~)

❹ | Please impress ‖ **on Bill** ‖[that he mustn't be late].
| 당부해라 ‖ 빌에게 ‖[늦지 말라고].(EPV209)

(look on~)

118 50키워드영어 ON

❹ She | looks ‖ **on him** ‖ with distrust.
그녀는 | 바라본다 ‖ 그에 대해 ‖ 불신의 눈으로.

A : ❻ Which color | looks | better ‖ **on me**?
어떤 색이 더 어울릴까?

B : Red suits you best.
붉은 색이 내게 가장 잘 맞아.(EXD73)

(make on~)

❹ Did you | make ‖ that ‖ all **on you**?
너 | 만들었니 ‖ 저걸 ‖ 너 혼자서?

❹ That man | makes ‖ a good impression ‖ **on people**.
저 남자는 | 준다 ‖ 좋은 인상을 ‖ 사람들에게.(EXD393)

(press on~)

❹ You | must not press ‖ food ‖ **on your guest**.
당신은 | 억지로 권하지 마세요 ‖ 음식을 ‖ 손님에게.(ECD810)

⟨❹⟩ I pretended to refuse the tip ⟨ that she | pressed ‖ ∩ ‖ **on me** ⟩.
나는 ⟨ 그녀가 내게 억지로 주려는 ⟩ 팁을 거절하는 척 했다.(EPV) *∩ = tip

(push on~)

[❹] Why are you trying [| to push ‖ those useless goods ‖ **on me**]?
왜 넌 [내게 그 쓸모없는 물건을 강매하려고] 하니?(EPV209)

(urge on~)

❹ | Don't urge ‖ drinks ‖ **on me**.
| 강요하지 마라 ‖ 술을 ‖ 내게.

● [~신체 짝수형] 접촉 대상 [사람·사물 → 신체]

세 자리 문장

(blow on~)

❷ "Cold enough!" said Trian, | blowing ‖ **on his hands**.
"굉장히 춥군!" 트리안이 두 손을 불며 말했다.(CN711)

(hit on~)

❷ The knight | was hit ‖ **on the head.**
그 기사는 | 맞았다 ‖ 머리를.

❷ His jaw was broken {after} he | was hit ‖ **on the head.**
그의 턱이 부러졌다, 그가 | 맞은 후 ‖ 머리를.

(slap on~)

❷ She | slapped ‖ **on the shoulder.**
그녀는 | 쳤다 ‖ 어깨를.

(tug on~)

❷ She | was tugging ‖ **on Harry's arm.**
그녀는 | 당기고 있었다 ‖ 해리의 팔을.(4HP100)

❷ Orik | tugged ‖ **on his beard.**
오릭은 | 당겼다 ‖ 그의 수염을.(2IN615)

cf❷ He | tugged ‖ his beard.
그는 | 당겼다 ‖ 수염을.(2IH386)

(bit on~)

❹ Nobert | bit ‖ him ‖ **on the leg.**
노버트가 | 물었다 ‖ 그를 ‖ 다리를.(1HP239)

(blow on~)

❹ | Don't blow ‖ your breath ‖ **on my face.**
| 불지마 ‖ 입김을 ‖ 내 얼굴에.

(clap on~)

❹ Vernon | clapped ‖ Dudley ‖ **on his porky shoulder.**
버논은 | 가볍게 쳤다 ‖ 두들리를 ‖ 살찐 어깨를.(3HP19, 4HP636)

(get on~)

❹* He | got ‖ the fox ‖ **on the leg** (with a rock).
그는 | 잡았다 ‖ 여우를 ‖ (돌로) 다리를.

(hit on~)

❹ Arthur | hit ‖ the knight ‖ **on the head.**
아더는 | 쳤다 ‖ 그 기사를 ‖ 머리를.(KA9)

❹ I | hit ‖ the target ‖ right **on the nose**.
나는 | 쳤다 ‖ 그 과녁을 ‖ 정통으로.(EID623)

(kiss on~)

❹ He | kissed ‖ the girl ‖ **on the forehead**.
그는 | 키스했다 ‖ 그녀를 ‖ 이마에.(4HP636)

(pat on~)

[❹] Whenever Eric does something good, he likes [| to pat ‖ himself ‖ **on the back**].
에릭은 좋은 일을 할 때마다 자축하기를 좋아한다.(EID658)

(pound on~)

❹ The slavers | pounded ‖ each other ‖ **on the back**.
노예상인들은 | 두들겼다 ‖ 서로를 ‖ 등을.(1ER512)

(punch on~)

❹ Dudley | punched ‖ him ‖ **on the nose**.
Dudley는 | 쥐어 박았다 ‖ 그를 ‖ 코를.(1HP20)

(slap on~)

❹ She | slapped ‖ him ‖ **on his shoulder**.
그녀는 | 두들겼다 ‖ 그를 ‖ 어깨를.(PB44)

(strike on~)

❹ They | struck ‖ this man ‖ **on his head**.
그들은 그의 머리에 상처를 내고(Mk12:4)

❹ He | struck ‖ Peter ‖ **on the side**.
그는 | 쳤다 ‖ 베드로를 ‖ 옆구리를.(Ac12:7)

(tap on~)

❹ He | tapped ‖ me ‖ **on my shoulder**.
그는 | 툭 쳤다 ‖ 나를 ‖ 어깨를.

(touch on~)

❹ He | touched ‖ Mitch ‖ firmly **on the knee**.
그는 | 만졌어 ‖ 미치를 ‖ 무릎 위를 단단히.(Fm234)

 유체물

[~유체물 1a] 탑승 [사람(+물건*) → 이동수단; 육상]

(탑승)

❶   Am I │ **on the right bus** ⟨ to City Hall ⟩?
　　　내가 │⟨시청에 가는⟩ 맞는 버스를 타고 있나요?(ECD226)

❶   You │'re **on the wrong bus**.
　　　버스 잘못 타셨어요.(ECD227)

❶   We │'re **on the shuttle** to La Guardia.
　　　우리는 │ 라구아디아로 가는 셔틀에 있어.(BI)

❶   They │ are **on the train** (from Moscow).
　　　그들은 │ 기차로 오는 중이야 (모스크바에서).(Zhi)

❶   I │'m **on the wagon**.
　　　나 │ 금주 중이야. *죄수호송차에 갇혀 음주가 금지되어 있다는 말에서 유래

A :   Hey, Dick. You wanna go for a drink tonight?
　　　야, 딕, 오늘 저녁에 한 잔 하러 갈까?

B :   Sorry. But ❶ I │'m **on the wagon**. since my doctor said I've got diabetes.
　　　미안. 의사한테 당뇨에 걸렸다고 듣고는 술 끊었어.(EXD61)

(get on~)

❸   │ Get │ **on the bus**!
　　　│ 타라 │ 버스에.

❸   We │ got │ **on a sightseeing bus**.
　　　우리는 관광버스를 탔다.

❸   They │ had better get │ **on the train**.

그들은 열차를 타는 게 좋을 거다.

(jump on~)

[❸]　He gets along by [| jumping | **on the bandwagon**].
그는 [시류에 편승하면서] 살아간다.(ECD1193)　*bandwagon 악대차

(leave on~)

❸　She | left | **on the bicycle.**
그녀는 | 떠났어 | 자전거 타고.

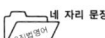

(get on~)

❼　He | got | off | **on the noon train.**
그는 | 되었다 | 출발하게 | 정오 열차로.

❼　Where can I | get | **on the subway** | ∨?
나는 | 탈 수 있나요 | 지하철에 | 어디서?(ECD221)

[❼]　The rest were [| to get | there | **on planks** or **on pieces of the ship**].
그 남은 사람들은 [널조각 혹은 배 물건에 의지하여 나가게] 하니(Ac27:44)

(have on~)

「❻　He | had ‖ lunch 「**on the train.**
그는 | 먹었다 ‖ 점심을 「기차에서.(MED)

(put on~)

❺*　| Please put ‖ all your luggages | **on the conveyor.**
| 놓아요 ‖ 휴대용 짐을 모두 | 운반대에.(ECD903)

(pack on~)

⓯　Commuters | are packed | in | like sardines | **on the evening train.**
통근자들이 | 차 있다 | 들어 | 정어리처럼 | 저녁 기차에.(EXD480)

[~유체물 1b] 탑승 [사람 → 이동수단; 해상]

(탑승)

❶ She | is **on board** (of) **the ship**.
그녀는 | 그 배에 타고 있어.

❶ About 50 people | can be **on the boat**.
약 50명이 | 그 배를 탈 수 있다.

❶ All hands | **on the deck!**
전원 | 갑판으로!(Sho21)

(get on~)

❸ { Every time } I | get | **on a boat**, I get sick.
내가 배를 탈 {때마다} 기분이 안 좋아요.(ECD190) *멀미하다.

(go on~)

❸ He | went | **on board the ship**.
그녀는 | 했다 | 그 배를 승선.(MED)

(stand on~)

❸ The people on the Queen Mary II | stood | **on deck** and waved goodbye to the crowd on the pier.
퀸 메리 II호에 있는 사람들이 갑판에 서서 부두에 있는 군중에게 작별의 손을 흔들었다.(EID606)

(get on~)

❺ | Get ‖ the crew | **on deck!**
| 모아라 ‖ 승무원들 전원 | 갑판 위로!(Sho23)

❼ Where can I | | get | **on the sightseeing boat** | ∨?
나는 | 되나요 | 유람선에 타게 | 어디서?(ECD189) *∨= Where

(need on~)

❺ We will be busy very soon, so I | | need ‖ you | **on**

deck. 우리는 곧 바빠질 테니 만반의 준비를 하기를 요구합니다.(EID606)

(put on~)

❺　The centurion | put ‖ us | **on board.**
백부장이 우리를 배에 오르게 했다.(Ac27:6)

(take on~)

❺　Tristram | took ‖ Isolt | **on his ship.**
트리스트램은 | 데려갔다 ‖ 이솔트를 | 그의 배에.(KA25)

(get on~)

❻　I | get | sick | riding | **on a ship.**
나는 | 된다 | 기분이 안 좋게 | 타면 | 배에.(ECD190)

[~유체물 1c] 탑승 [사람(＋물건*) → 이동수단; 항공]

(탑승)

❶　I | 'll be **on the plane** this afternoon.
오늘 오후 비행기로 가겠소.(PBR22)

❶　We | 'll be **on that flight.**
우린 | 그 비행기를 탈거야.(YAD355)

(book on~)

❸　You | 're booked | **on our flight 707** to Seoul tommorow.
당신은 | 예약되어있어요 | 내일 서울행 707편으로.(ECD926)

(get on~)

A :　How about getting some coffee before ❸ we | get | **on board?** 탑승하기 전에 커피 마실래요?

B :　Sure, we have plenty of time. 그러죠, 시간은 충분하니까.(TEPS)

(put on~)

❸ They | were put | **on a plane** and sent back to their own country.
그들은 | 태워졌다 | 한 비행기에, 그리고 자기 나라로 돌려 보내졌다.(LED)

(remain on~)

❸ | Please remain | **on board**.
 | 그대로 계십시요 | 기내에.(ECD908)

(non-verb on~)

❸ I | 'll be there | **on the noon plane**.
난 | 그곳에 갈 거야 | 정오의 비행기를 타고.

(book on~)

❺ Could you | book ‖ me | **on that flight**?
당신은 | 예약해 주시겠어요 ‖ 나를 | 그 비행기에?(ECD894)

(carry on~)

A : Do you have any baggage to check?
보내실 짐 있으세요?

B : No, ❺* I | 'll carry ‖ this | **on board**.
아니요, 이건 기내에 가지고 갈게요.(TEPS)

(come on~)

❼* It (= the baggage) | 'll be coming | in | **on that next flight**. 그것은 | 올 거예요 | 들어 | 다음 비행기로.(ECD920)

(get on~)

❺ We | 'll get (or put) ‖ you | **on the next flight**.
우리는 | 예약해 드리겠어요 ‖ 당신을 | 다음 비행기에.(ECD916)

❺ He | got ‖ her | **on the plane**.
그는 | 했다 ‖ 그녀를 | 비행기에 타게.

(have on~)

[❺] We enjoyed [| having ‖ you | **on board**].
우리는 [당신들을 기(선)내에 모시게 된 것이] 즐거웠습니다.

[~유체물 1d] 탑승 [사람 → 이동수단; 동물]

(탑승)

❶   You | 're **on your brother's horse** today.
   넌 | 형의 말을 타고 있구나 오늘.(SM26)

❶   He | was **on horseback**.
   그는 | 말에 타 있었다.

(arrive on~)

❸   They | arrived | **on horseback**.
   그들은 | 도착했다 | 말을 타고.

(come on~)

❸   A beautiful lady | came | **on a black horse**.
   한 아름다운 부인이 | 왔다 | 흑마를 타고.(KA12)

(escape on~)

❸   Ben-Hadad | escaped | **on horseback**.
   벤하닷이 말을 타고 피했다.(1Ki20:2)

(get on~)

❸   She | got | **on her black horse**.
   그녀는 | 있었다 | 그녀의 흑마에 타고.(KA12)

❸   Abigail | quickly got | **on a donkey**.
   아비가일이 급히 나귀를 타고(Sa25:42)

(mount on~)

❸   He | was mounted | **on a gallant black horse**.
   그는 | 타고 있었다 | 당당한 흑마에.(Iva32)

(ride on~)

❸   He | was riding | **on a horse**.
   그는 | 여행하고 있었어 | 말타고.

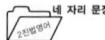

(lead on~)

⑤   Haman ｜ led ‖ Mordecai ｜ **on horseback** (through the city street).
      하만이 모르드개를 말에 태웠다 (성중 거리로 다녔다).(Est7:11)

(mount on~)

⑤   Matton ｜ mounted ‖ Joseph ｜ **on his horse.**
      매톤은 ｜ 태웠다 ‖ 조세프를 ｜ 그의 말에.

(put on~)

⑤   Sir Palamides ｜ put ‖ her ｜ **on his horse.**
      팔라미데스 경이 ｜ 태웠다 ‖ 그녀를 ｜ 그의 말에.(KA25)

(see on~)

⑤   I ｜ have seen ‖ slaves ｜ **on horseback.**
      나는 종들이 말에 타고 있는 것을 보았다.(Ecc10:7)

[유체물 2] 부착 [물건 (+ 신체*) → 착용물]

(부착)

❶   A blue ribbon ｜ was **on her hat.**
      푸른 리본이 ｜ 그녀 모자에 달려 있었다.

(put on~)

❸   A blue ribbon ｜ was put ｜ **on her hat.**
      푸른 리본이 ｜ 달려 있었다 ｜ 그녀 모자에.

(have on~)

❺   Grandma | has ‖ a blue ribbon | **on her hat.**
         할머니는 | 달고 있다 ‖ 푸른 리본을 | 모자에.

A :   ❺ I | have ‖ a spot | **on my jacket.**
         내 자켓에 얼룩이 묻었어.

B :   Don't worry. It doesn't show.
         염려 마. 잘 안 보여.(EXD68)

(put on~)

❺ | Please put ‖ a new button | **on this shirt.**
         | 달아줘요 ‖ 새 단추를 | 이 셔츠에.

(spill)

A :   Oops, ❺ I | spilt ‖ some coffee | **on your pants.**
         이런, 내가 네 바지에 커피를 흘렸군.

B :   Don't worry, it'll come out in the wash.
         걱정 마, 세탁하면 없어질 거야.(TEPS)

(wear on~)

❺*   Kathy | always wears ‖ her heart | **on her sleeve.**
         캐시는 | 항상 둔다 ‖ 심장을 | 소매에.(EID953) *감정표현을 잘 해.

[유체물 3] 기재/기록 [사람·사물 → 기록대상]

두 자리 문장

(기재대상)

❶   The story | was **on the frong page.**
         그 기사가 | 일면에 났어.(ECD1078)

❶   Lauren, right? It's **on your book.**
         로렌 맞지? 네 책에 (이름이) 적혀있어.(TS46)

❶   It | 's all **on the papers.**
         모두 | 온 신문에 났어.(OUTA).

❶⌐   There was⌐ a writing | **on the stone.**
         글이 | 돌 위에 쓰여 있었다.(KA2)

❶   The price | is **on this ticket,** Madam.

가격은 | 이 표에 있어요, 부인.

A : When are you | going to marry her?
그녀하고 언제 결혼할 거니?

B : Well. ❶ It | 's still **on the drawing board.**
글쎄. 아직 구체적인 계획이 없어.(EXD346,ECD507) *drawing board;제도판

A : Would you like to order now?
지금 주문하시겠어요?

B : No. I need more time. ❶ There's so much | **on the menu.** 아니요. 조금 기다려 줘. 메뉴가 너무 많네요.(EXD44)

(declare on~)

❺ When passing through customs, you | must declare ‖ all items purchased abroad | **on your customs declaration form.**
세관 통과시 세관신고 서식에 해외에서 산 모든 품목을 신고해야 한다.(EXD478)

(get on~)

❸ | Get | **on it** (= the dial), will ya?
(금고 다이얼에) 바짝 붙어 열어봐.(FND42)

(write on~)

A : [❸] Would you | like ‖ anything [| written | **on the cake**]? 당신은 뭔가 [케이크에 써] 드리기를 원합니까?

B : Yes. Make it "Happy birthday to my wife."
네. "내 아내의 생일을 축하함"이라고 써 주세요.(ECD32)

(non-verb on~)

❸ What | 's good | **on the menu** today?
무엇이 | 좋아요 | 오늘 메뉴에?(ECD425)

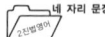

(put on~)

⑤ The numbers 〈 she | put ‖ ∩ | **on the chart** 〉 were 98.4, 64, and 105. 〈그녀가 차트에 기재한〉 숫자들은 98.4, 64, 105 이었다.(CED)

[⑤] Forget this verbal agreement. Let's [| put ‖ something | **on paper**]. 이 구두합의는 잊으세요. 문서로 기록합시다.(EID704)

「⑥ We | put 「**on a piece of paper** ‖ the six major deal points. 우리는 | 기록했다 「종이에 ‖ 6개 주요 거래 약정을.(Jack151)

(shine on~)

⑤ I | shone ‖ my flashlight | **on the inscription**.
나는 | 비쳤다 ‖ 플래시 불빛을 | 비석에.

(give on~)

⑨ Would you | give ‖ me ‖ your signature | **on this form**.
당신은 | 해 주시겠어요 ‖ 내게 ‖ 서명을 | 이 서류에.(ECD884)

[유체물 3a] 기재/기록 [관념 → calender]

(기재)

❶ It | 's not **on your calendar**.
그 일정은 | 달력에 없어.(Fm421)

(mark on~)

[❸] I saw it [| marked | **on his calendar**].
나는 그것이 [그의 달력에는 기재된 것을] 보았다.

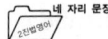

(have on~)

❺ I | have ‖ nothing | **on my calendar.**
나는 | 없다 ‖ 아무 것도 | 일정에.(ECD472)

(mark on~)

❺ | Mark ‖ it | **on your calender.**
| 적어 놓아 ‖ 그걸 | 달력에.(ECD727)

(see on~)

❺ I | see ‖ nothing | **on his calendar** (for this morning).
그의 달력에는 (오늘 아침) 아무 일정도 적혀있지 않아.(Fm420)

[유체물 3b] 기재/기록 [사람·사물 → list]

(기재대상)

❶ She | is not **on the list.**
그녀는 | 그 명단에 없어.

❶ I |'m **on the blacklist.**
나는 | 신용불량자 명단에 올라있다.

❶ Your name | is **on the list.**
손님 이름이 | 명단에 있어요.(ECD897)

❶ This | has been **on the list** of best selling books for two months now.
이건 | 베스트셀러 목록에 2개월 올라 있습니다.(ECD877)

(put on~)

❸ Mary | has been put | **on a waiting list** for a seat.
매리는 | 있었다 | 탑승 대기자 명단에 기재.(EID626)

(see on~)

❸   His name | was seen | **on the list**.
그의 이름이 | 보였다 | 명단에.

(have on~)

❺   We | don't have ‖ your name | **on the list**.
명단에는 손님의 이름이 없습니다.(ECD419)

(leave on~)

❺   He | left out ‖ her name | **on the list**.
그는 | 빠뜨렸어 ‖ 그녀 이름을 | 명단에서.

(put on~)

❺   Can you | put ‖ my name | **on the list**?
당신은 | 놓을 수 있어요 ‖ 내 이름을 | 명단에 붙여 (올려)?(ECD421)

A : Sorry, but all flight to La are booked on the 22nd.
죄송하지만, 22일자 LA 비행기는 모두 예약되었습니다.

B :   ❺ Could you | put ‖ me | **on the waiting list**, then?
그러면 대기자 명단에 올려주시겠어요?(TEPS)

(see on~)

❺   I | saw ‖ Potter's name | **on the list**.
난 | 보았다 ‖ 포터의 이름을 | 명단에서.(5HP617)

● [유체물 3c] 기재/기록 [사람 · 사물 → map]

(기재)

❶   The company | is firmly **on the map**.
그 회사는 | 확실히 유명해.

❶   It took several years before our restaurant | was **on the map**.   우리 식당이 유명해지는 데는 몇 년이 걸렸다.(EID623)

(put on~)

❸ The full name of a territory | was put | **on the map**.
한 영토의 완전한 이름이 | 기재되어 있었다 | 지도에.

(non-verb on~)

❸ Where are we | V | **on this map**?
우리는 | 어디 있어요 | 이 지도에서?(ECD257) *V = Where

A : [❸] Could you tell me [where I | am V | **on this map**]?
[제가 이 지도에서 어디 있는지] 알으켜 주시겠어요?

B : Well, where do you want to go?
어디 가시려고 하죠?(TEPS)

(put on~)

❺ A shrewd manager | can put ‖ a new singer | **on the map** in less than a year.
영민한 매니저는 신인가수를 1년 못돼 유명하게 만들 수 있다.(EID699)

❺ Did you know that Miss America is from this small town? She | put ‖ it | **on the map**.
미스 아메리카가 이 작은 도시 출신이라는 거 알았니? 그녀가 이 도시를 잘 알려지게 했어. (EID623)

 [유체물 4] 계산[사람·사물 → 계산대상]

(계산)

❶ I didn't make an overseas call, but it |'s **on the bill**.
나 국제전화를 걸지 않았는데, 청구서에는 들어 있어요.(ECD404)

❶ There is⌐ a mistake | **on the bill**.
착오가 | 계산서에 있어요.(ECD348) *계산이 틀렸어요.

(make on~)

❸   A mistake | was made | **on** this bill.
착오가 | 일어났다 | 계산서에.

(make on~)

[❺]   I think [you | made ‖ a mistake | **on** this bill].
[당신은 이 계산서에 착오를 한 것] 같아요.(ECD348)

(put on~)

❺ | Put ‖ it | **on my hotel bill**, please.
그걸 숙박비에 포함시켜 놓으세요.(ECD405)

❺ | Put ‖ it | **on my tab**.
| 달아라 ‖ 그건 | 내 계산에.(GWH107)

A :   Cash or charge?
현금 또는 카드 중 어느 것으로 할까요?

B :   ❺ I |'ll put ‖ it | **on my credit card**.
신용카드로 할 게요.(TEPS)

[유체물 5] 접촉/부착 [사람 · 물건 → 가구]

(접촉/부착)

❶   She | is **on the bed**.
그녀는 | 침대 표면에 누워 있어.

❶   Isn't it | **on your bed**?
그것은 | 침대에 있지 않니?

❶   I | was **on the carpet**.
난 | 카페트 위에 있었다.(ECD146) *상관에 불려가 꾸중듣다.

❶   There is⌐ a book | **on the desk**.

책상에 책이 있다.

❶ The vase | is **on the table**.
그 화병은 | 테이블에 있다.

❶ The key | is **on the table**.
열쇠는 | 탁자에 있다.(AAW15)

❶ The boys ate everything 〈 there was」∩ | **on the desk** 〉.
소년들은 〈 책상 위에 있던 〉 모든 것을 먹었다.(UTC44)

❶ (The) Soup |'s **on** (**the dinner table**). It's dinner time.
수프 | (저녁 밥상) 위에 있어. *밥 먹자 It's time to eat.

❶ The LORD | is **on his heavenly throne**.
주는 | 하늘 보좌에 계신다(Ps11:4)

A : Are there any package for me?
저에게 온 소포가 있어요?

B : ❶ Yes, | **on the table**.
네, 테이블 위에 있어요.(TEPS)

(place on~)

❸ The food | was placed | **on folding tables**.
식품은 | 놓여 졌어 | 접는 탁자 위에.(Fm154)

(sit on~)

❸ He | sat | **on the sofa**.
그는 | 앉았다 | 소파에.

❸ He | was sitting | **on the bed**.
그는 | 앉았 있다 | 침대에.

❸ He | was sleeping | **on the sofa**.
그는 | 자고 있었다 | 소파에서.(Em35)

(turn on~)

❸ As a door | turns | **on** its hinges, so a sluggard | turns | **on his bed**.
문짝이 돌쩌귀를 따라 도는 것 같이 게으른 자는 침상에서 구른다.(Pr26:14)

(non-verb on~)

A : Have you seen my glasses?
제 안경 보셨어요?

B : ❸ They│'re right there │ **on TV.**
바로 저기 TV 위에 있어요.(TEPS)

(do on~)

A : What a mess! ⌜❻ What are all these dishes │ doing ‖ V ⌝**on the bed?**
엉망이구나! 접시들이 │ 하고 있니 ‖ 무얼 ⌜침대에서?⌝ *V = What

B : Sorry, I'll clean it all up.
미안해. 다 치울 게요.(TEPS)

(get on~)

❺ │ Got ‖ him │ **on the bed.**
│ 뉘어요 ‖ 그를 │ 침대에.(GWW164)

(hang on~)

❺ │ Hang ‖ your hat │ **on the hook.**
│ 걸어라 ‖ 모자를 │ 모자걸이에

(leave on~)

❺ I│'d left ‖ my briefcase │ **on the dresser.** Now it │ was **on the bed.**
나는 │ 두었어 ‖ 가방을 │ 옷장 위에. 이제 그것은 │ 침대 위에 있었어.(5FND14)

A : ❺ Somebody │ left ‖ this MP3 │ **on the table?** What should I do? 누가 탁자 위에 이 MP3를 두고 갔어. 어떻게 할까요?

B : I'd take it to the lost an found.
저라면 분실물 센터에 가져가겠어요.(TEPS)

(make on~)

❺ I │ made ‖ room for her │ **on the sofa.**
나는 │ 내줬어 ‖ 그 여자를 위한 자리를 │ 소파에.

(put on~)

❺ │ Put ‖ the plates │ **on the table.**

| 놓아라 ‖ 접시들을 | 테이블에.

(see on~)

❺ He | saw ‖ food and drink | **on the table**.
그는 | 보았다 ‖ 음식을 | 테이블 위의.(KA8)

(set on~)

❺ She | sat ‖ the tray | **on a table**.
그는 | 두었어 ‖ 그 쟁반을 | 탁자 위에.(Pt280)

(sit on~)

❼ She | is sitting | beside her | **on the sofa**.
그녀는 | 앉아 있다 | 그녀 곁에 | 소파에서.(CED)

(spill on~)

A : I'm sorry. ❺ | | spilled ‖ some water | **on the table**.
미안합니다. 내가 | 엎질렀어요 ‖ 물을 | 테이블에.

B : Oh, that's all right. I'dry the table.
괜찮아요. 제가 테이블을 닦아드릴게요.(ECD436)

(take on~)

❺ Now I | can take ‖ the key | **on the table**.
이제 나는 | 잡을 수 있다 ‖ 열쇠를 | 탁자 위의.(AAW23)

[유체물 5a] 접촉/부착[논점/의중 → table]

(접촉/부착)

❶ The issue | was **on the table**.
그 논점은 | 상정되었다.

(put on~)

❸ The issue | was put | **on the table**.
논점이 | 놓여졌다 | 상정되어.

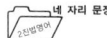

(call on~)

❺   I | am calling ‖ the issue | **on the table.**
나는 | 제안한다 ‖ 그 의제를 | 상정하기를.(EXO1055)

(lay on~)

❺   He | laid ‖ his card | **on the table** 〈 about his price to buy that house 〉.
그는 | 놓았다 ‖〈 그 집을 사는 데 대한 그의 가격을 〉| 테이블에.(EXD180)
*가격을 솔직히 밝히다. 〈 〉: card를 수식

(put on~)

❺   They | put ‖ the issue | **on the table.**
그들은 | 놓았다 ‖ 그 논점을 | 상정시켜.

❺   A good negotiator | never puts ‖ all of his cards | **on the table.**
훌륭한 협상꾼은 모든 카드를 솔직히 드러내지 않는 법이다.(EID691)

❺ | Put ‖ your cards | **on the table.**
내게 숨김없이 의중을 털어 놓으세요.(ECD967)

[유체물 6] 부착[사람·사물 → 동식물]

(부착)

❶   The flower 〈 that is pollinated 〉| is **on the same plant** or **a different plant.**
〈 수정하는 〉꽃은 | 같은 식물이거(나) 다른 식물일 수 있다.(8ESL20)

(grow on~)

❸   Money | doesn't grow | **on trees.**
돈은 | 자라지 않는다 | 나무에서. *돈은 저절로 생기지 않는다.

(step on~)

❸ "People | always step | **on me**," complained the snake.
"사람들이 | 항상 밟아요 | 나를," 뱀이 불평했다.(AF37)

(trample on~)

❸ I have given you authority <| to trample | **on snakes** >.
나는 네게 < 뱀을 밟을 > 권한을 주었다.(Lk10:19)

cf❶ It (= the seed) | was trampled (|) **on**.
그것 (씨앗) 은 | 발에 밟혔다.(Lk8:5)

(hang on~)

❺ | Hang ‖ him | **on it** (the gallows).
| 달아라 ‖ 그 (하만) 를 | 그 나무에.(Est7:10)

(put on~)

❺ | Put ‖ a collar | **on the cat**.
| 달아라 ‖ 칼라를 | 고양이에게.(EJD)

● [유체물 7] 부착 [사람·사물 → 음식/약품]

(부착)

❶ I |'m **on medication**.
난 | 약을 복용중입니다.(TEPS)

❶ She |'s **on the pill**.
그녀는 | 투약 중이야.(Fm268)

❶ He | is **on drugs**.
그는 | 마약 중독이다.

❶ He | was **on drugs** for two years.
그는 2년 동안 마약을 상용하고 있었다.

❶ What are you | **on** ∨?
너 | 무엇을 복용했니?(OAD) *V = What

❶ I│'m **on** the bottle.
　　난 술이라면 사족을 못써요.(ECD454)

❶ He │ is much **on** beer.
　　그는 맥주를 아주 좋아한다.

❶ The cheese │ was **on** bread.
　　치즈가 │ 빵에 발라져 있었다.

(go on~)

❸ She │ went │ **on** some kind of medicine that had side effects.　그녀는 부작용이 있는 어떤 종류의 약을 복용하고 있었다.(EPV364)

(impose on~)

❸ A new tax │ was imposed │ **on** alcohol.
　　새로운 세금이 │ 부과되어졌다 │ 주류에 대해.

(feel on~)

❼ I │ feel │ high │ **on** a mere glass of wine.
　　나는 │ 느낀다 │ 오르게 │ 포도주 한잔에도.(EXD60) *취한다.

(get on~)

❼ I │ get │ high │ **on** a mere glass of wine.
　　나는 │ 된다 │ 오르게 │ 포도주 한잔에도.(EXD60) *취한다.

❼ I │ don't get │ drunk │ **on** beer.
　　나는 │ 되지 않아 │ 취하게 │ 맥주에는.(ECD454)

(go on~)

❼ │ Go │ easy │ **on** the coffee.
　　│ 해라 │ 편하게 │ 커피 마시는 것. *그만 마셔라.

(like on~)

A : ❺ Would you │ like ‖ the whole work │ **on** your hotdog?
　　핫도그에 바르는 것을 다 발라 줄까요?

B : Yes, but hold the onions, please.

네, 그렇지만 양파는 빼주세요.(ECD466)

(put on~)

❺ | Put ‖ aluminum foil | **on the lamb chops** before freezing them.
| 놓아라 ‖ 알루미늄 포일을 | 양고기에 씌워. 냉동하기 전에.

[유체물 8a] 부착 [사람 → ball]

(부착)

❶ I |'m **on the ball**.
나는 | 볼에 붙어있군. *일에 집중

❶ You |'re **on the ball**.
넌 | 볼에 붙었군.(ECD52) *빈틈없다.

❶ He | is **on the ball**.
그는 | 아주 치밀 (유능) 하다.(ECD1113)

cf. He |'s really the ball.
그는 | 뛰어난 사람이야.

❶* Eye | **on the ball**!
시선은 | 공을 향해라!

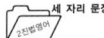

(get on~)

❸ They | got (a lot more) | **on the ball**.
그들은 | (더 많이) 있다 | 볼에 붙어.(RH33) *빈틈없다.

(stay on~)

❸ | Stay | **on the ball**, men. The enemy might be coming up the hill this moment.
병사들아 경계하라. 적이 이 순간 산으로 오고 있을지 모른다.(EID619)

(have on~)

❺*　　He | really has ‖ a lot | **on the ball**.
　　　그는 | 정말 있다 ‖ 많이 | 볼에 대해.(ECD1121) *능력이 많다.

(keep on~)

[❺]　　We're trying [| to keep ‖ him | **on the ball**].
　　　우리는 [그가 계속 볼에 붙어있도록] 하고 있다. *집중하다.

[유체물 8b] 부착[사람·사물 → dime]

(~에 부착)

❶　　I | was **on a dime**.
　　　나는 | 급했다.

❶　　That pass | was **on a dime**.
　　　그 패스는 | 순식간이었다.
　　　*on a dime 비좁은 장소에서; 곧, 즉시

(stop on~)

❸　　I | had to stop | **on a dime** (to avoid an accident).
　　　난 | 정차해야 했다 | 동전만한 거리에서 (사고를 피하려). *급정차하다.

(turn on~)

❸　　This car handles very well. It | can turn | **on a dime**.
　　　이 차는 아주 운전하기 쉽다. 작은 반경으로 급회전이 잘 된다.

❸　　The salesman declared, "Sir, this is a precision machine.
　　　It | 'll turn | **on a dime**."
　　　판매원이 단언했다. "선생님, 이것은 정말 기계입니다. 그것은 짧은 시간에 매우 빠르게 돕니다."
　　　(EID926)

(stop on~)

❺ The Brembo brake system | stops ‖ the car | **on a dime**. 브렘보 브레이크는 | 정차한다 ‖ 차를 | 순식간에.

[유체물 8c] 부착 [사람·사물 → ice]

(~에 부착)

❶ The plan | is **on the ice** at the moment.
그 계획은 | 현재 얼음에 붙어 있어. *연기야.

(glide on~)

❸ A skater | glides | **on the ice**.
스케이트 선수가 빙상을 활주한다.

(put on~)

❸ The mission was | put | **on ice**.
그 임무는 | 되었다 | 보류.

❸ The mixture | was put | **on ice** for 5 minutes.
그 혼합물은 | 되었다 | 5분간 냉동.

(put on~)

❺ We | must put ‖ this project | **on ice** until we can get more funding.
우린 자금을 더 모을 때까지 프로젝트를 보류해야 한다. (EID703)

[~유체물 9] 부착[돈 → 물건]

(부착;내기/쓰기)

❶   My money | was **on** an outsider.
      내 돈은 | 승산 없는 말에 걸었어.

❶   My money | was **on** this new Dragon Skin body armor.
      내 돈이 | 이 새로운 용가죽 갑옷에 들어갔다.

(bet on~)

❸   More money | was bet | **on** the underdog than favorite.
      더 많은 돈이 | 걸렸다 | 대중의 선호하는 것보다 약자에게.

      cf❸ | Don't bet | **on** that horse. | Bet | **on** mine.
      저 말에 돈 걸지 말아. 내 것에 걸어.(Champ) *사람 → 물건

(go on~)

❸   His money | goes | **on** books (or alcohol).
      그의 돈은 | 간다 (쓰인다) | 모두 책값 (술값) 에.

(go on~)

❺   I | go ‖ $20 | **on** the black horse.
      난 | 간다 (건다) ‖ 20불을 | 그 흑마에.

❺   I | 'll go ‖ $500 | **on** the vase.
      나는 | 간다 (입찰) ‖ 500불을 | 그 병에.

(spend on~)

[❺]   He hesitated [| to spend ‖ so much money | **on** the dress].   그는 주저 했어 [| 쓰는 것을 ‖ 그처럼 많은 돈을 | 옷에].

[~유체물 10a] 부착 [사람 → 기타 유체물]

(부착)

❶ I｜'m **on pins and needles**.
나 ｜ 바늘방석에 앉은 기분이야.

A : How's our business doing in this recession?
이 불경기에 사업은 어때?

B : ❶ I｜'m **on the ropes**.
난 ｜ 죽을 맛이다. (ECD1042)

(fall on~)

❸ He too ｜ fell ｜ **on his sword** and died.
자기도 칼에 엎드려져 죽으니라. (1Ch10:5)

(happen on~)

❸ We ｜ just happened ｜ **on it**.
우리는 ｜ 우연히 발견했다 ｜ 그것을.

(lean on~)

❸ The old man ｜ is leaning ｜ **on a stick**.
그 노인은 ｜ 기대고 있다 ｜ 지팡이에. (EJD)

(sit on~)

❸ I｜'m sitting ｜ **on it**.
내가 그걸 깔고 앉아있군. (MR)

(step on~)

❸ Come on, ｜ step ｜ **on it**!
자, 자. ｜ 밟아라 ｜ 그것 (자동차 가속기) 를. (DHV132)

(walk on~)

❸ You｜'re walking ｜ **on a tight rope**.
넌 ｜ 걷고 있어 ｜ 긴장된 로프 (위험한 길). (ECD1208)

(work on~)

❸ I I'm going to work | **on the car** for a while.
   난 | 손질하려고 해 | 잠시 차에.(EXD115)

(expect on~)

❺ He | expects ‖ you | to be **on the tap**.
   그는 | 바란다 ‖ 네가 | 그 자리에 붙어 있기. *tap : 꼭지, 마개.

(have on~)

❺ Kim | really has ‖ Mike | **on a string**.
   킴은 정말로 마이크를 조종하고 있어.(EID379)

(keep on~)

❺ | Don't keep ‖ us | **on pins and needles**.
   | 계속 하지 마라 ‖ 우리를 | 바늘방석에 앉아있게.(FoCu276)

● [~유체물 10b] 부착[사물 → 기타 유체물]

(부착)

❶ The dog | is **on the chain**.
   그 개는 | 사슬에 매여 있어.

❶ Bandits | **on our tail**.
   적기가 | 후미에 붙었어.(Ind196)

❶ What shapes | are **on the toy box**?
   어떤 무늬가 | 장난감 상자에 붙어있니?

(fit on~)

❸ That lens | won't fit | **on your camera**.
   그 렌즈는 | 안 맞을 거야 | 네 카메라에.(ECD198)

(go on~)

❸   The book | goes | **on** the top shelf.
     그 책은 | 간다 | 제일 위 선반에. *속한다.

❸   This cap | goes | **on** that bottle.   이 뚜껑은 저 병 것이다.

(leave on~)

❸   There are₁ only three more exposures | left | **on** the roll.   단지 3장의 미사용분이 | 남아있다 | 필름에.(ECD200)

(swing on~)

❸   Spot | is swinging | **on** a swing.
     스팟 (이름) 이 | 타고 있구나 | 그네에.

네 자리 문장

(have on~)

❺   I | have ‖ my tax records | **on** file somewhere.
     나는 세금기록을 어딘가 보관해 두었어.(EID383)

(keep on~)

❺ | Keep ‖ the dog | **on** the chain.
     | 해라 ‖ 개를 | 쇠사슬에 매어 있도록.

❺ | Keep ‖ the dog | **on** the leash.
     | 유지해라 ‖ 개를 | 가죽 끈에 매어두기를.(EJD)

(paste on~)

❺ | Paste ‖ the label | **on** the package.
     | 붙여라 ‖ 라벨을 | 그 꾸러미에.

(put on~)

❺   Did you | put ‖ enough stamps | **on** it?
     넌 | 놓았니 ‖ 충분한 스탬프를 | 거기에 붙여?(ECD598)

❺   We | put ‖ a cheap price | **on** the article.
     우리는 | 놓아요 ‖ 싼 값을 | 상품에 붙여 (매겨).(ECD344)

❺ | Put ‖ a lid | **on** it.
     | 놓아라 ‖ 뚜껑을 | 그것에 덮어. *그걸 비밀로 해 두어라는 의미도 있음.

(want on~)

❺   I | want ‖ a ribbon | **on** it.
     나는 | 원해요 ‖ 리본을 | 그것에 붙여 (달아) 주기.(ECD351)

기능·무체물

[~기능 1] 접촉 [사람 (+ 사물*) → 통신수단]

(부착)

❶ You｜'re **on the phone**.
너 ｜ 전화 와 있어.

❶ My sister ｜ is always **on the phone**.
여동생은 ｜ 전화에 붙어살아.

❶ He ｜ is **on the telephone** (to her).
그는 ｜ 전화 중이야 (그녀에게).

❶ John ｜ is **on the phone** (asking to you).
존 ｜ 전화야 (네게 건).

❶ Who ｜ is **on the phone**.
누구 전화예요?(TEPS)

❶ He ｜ is **on another line**.
그는 ｜ 딴 전화 받고 있어.(TEPS)

❶ Sheriff Walls ｜ is **on line two**.
월스 보안관이 ｜ 2번 선에서 기다려.(TTK264)

❶ Well, there is ｜ nobody ｜ **on the line**.
아무도 ｜ 전화 받지 않아.(9FND8)

A : ❶ Are you ｜ **on a company line**?
너 ｜ 회사 전화로 걸고 있니?

B : No, I'm in a phone booth.
아니 공중전화야.

(explain on~)

[❸]   It'd take too much time [| to explain | **on the phone**].
[전화로 설명하려면] 시간이 너무 많이 걸릴 텐데요.(ECD681)

(get on~)

❸   He | got | **on the phone.**
그는 | 되었다 | 전화하게.

(hold on~)

❸   Mr. Johnson | 's holding | **on line 2.**
존슨 씨가 | 기다리고 있어요 | 2번 선에서.(ECD645)

(speak on~)

❸   He | is speaking | **on the other line** at the moment.
그는 | 통화하고 있어요 | 다른 전화에 지금.(EXD486)

(stay on~)

A :   May I speak to Mr. John, please?
존 씨와 전화하고 싶은데요?

B :   ❸ | Please stay | **on the line.**
기다리세요.(TEPS)

(talk on~)

❸   We | can't talk | **on the phone.**
우리는 | 말하면 안돼 | 전화로.(Fm124)

(want on~)

❸   You | 're wanted | **on the phone.**
너는 | 와 있어 | 전화가.(9FND8)

(no-verb on~)

❸   How long will┘ he | be **on the phone?**
얼마동안 그가 | 통화 중일까요?(ECD657)

❸   Who | 's that man | **on the phone?**
누구니 | 그 사람 | 전화 건.(ECD642)

네 자리 문장

(call on~)

❺ | Call || me | **on my cell phone.**

150   50키워드영어 ON

| 전화해 주세요 ‖ 나를 | 휴대폰으로.(TEPS)

(chat on~)

⑤ She | chatted ‖ with a boyfriend | **on the phone.**
그녀는 | 잡담했다 ‖ 남자 친구와 | 전화로.(RJ265)

(get on~)

⑤ I |'ll get ‖ her | **on the phone.**
그녀에게 전화로 연락할게.

⑤ I |'ve got ‖ someone | **on another line.**
나는 또 다른 전화가 왔군요.(ECD651)

⑤ You | can always get ‖ me | **on the telephone.**
전화로 언제든지 연락해주십시오.

⑤ | Please get ‖ your sister | **on the phone** at once.
네 여동생을 곧 전화 받게 불러 주세요.

⑤ He | couldn't get ‖ Laura | **on the telephone.**
그는 | 할 수 없었어 ‖ 로라와 | 통화를.(Pops)

⑤ I | can't get ‖ at him | **on the phone.**
나는 전화로 그에게 접근 할 수 없었어.

A : ⑤ Will you | get ‖ Mr. Park | **on the phone?**
박 씨에게 전화 좀 걸어 주시겠어요?

B : I've already tried, but I can't get through. The line is busy. 벌써 해봤지만 안 걸려요. 통화중이에요.(SMV)

(have on~)

⑤ He | had finally ‖ Bob | **on the line.**
그는 | 드디어 연결했다 ‖ 밥을 | 전화로.(Pel224)

⑤* Mr | Levine, you | have ‖ a call | **on line 4** ⟨ holding ⟩.
레빈 씨, 4번에 당신과 통화하러 대기 중인 전화가 있어요.(ECD645)

A : ⑤* Last night John and I | had ‖ a long conversation | **on the phone.** 어젯밤에 존과 오랫동안 통화했어.

B : Oh, did you? What about?
오, 그랬어? 무엇에 관해?(TEPS)

(hear on~)

⑤* I | hear ‖ your voice | **on the line.**

나는 | 듣는다 ‖ 네 목소리를 | 전화로.

(leave on~)

❺* | Leave ‖ your message | **on the answering machine.**
| 남겨두세요 ‖ 메시지를 | 자동응답기에.

(keep on~)

❺ | Keep ‖ her | **on the line.**
| 계속 끌어 ‖ 그녀를 | 전화로.(RJ107)
*발신지를 알아내기까지 시간을 끌라는 의미

(talk on~)

❺ | I | talked ‖ with him | **on the phone.**
나는 | 말했다 ‖ 그와 | 전화로.(CED)

❼ | Don't talk | too long | **on the phone.**
| 말하지 마라 | 너무 길게 | 전화로.(ECD691)

(tell on~)

❺ | He | told ‖ the judge | **on the phone.**
그는 | 이야기했어 ‖ 판사에게 | 전화로.(Pt447)

(want on~)

❺ | Who else | wants ‖ you | **on the phone** this early in the morning? 누가 | 하니 ‖ 네게 | 전화를, 이렇게 아침 일찍?(9FND8)

(expect on~)

A : Mr. Miller may I use the phone?
밀러 씨, 전화 좀 써도 될까요?

B : I'm sorry, but ⓫* I | 'm expecting ‖ an important call | **on this line** | from Ace Publishing Company.
미안하지만 에이스 출판사에서 중요한 전화가 오게 되어 있거든요.(ECD690)

(get on~)

[⓯] It's really hard [| to get | in touch | with you | **on the phone**]. [전화로 당식과 연락하기가] 매우 어렵군요.(ECD667)

(say on~)

[❾] He wishes [| to say ‖ hello ‖ to you | on the phone].
그는 [전화로 당신께 안부 전하고] 싶어 해요.(ECD645)

❿ He | was saying ‖ to someone | on the telephone ‖ [that Prima must be stopped at all cost].
그는 | 말하고 있었다 ‖ 누군가에 | 전화로 ‖ [어떤 대가를 치루더라도 프리마는 중단되어야 한다고].(YAD1)

[~기능 2] 부착[사람·사물 → 전파매체]

(부착)

❶ You | 're still **television**.
넌 | 아직 티비 방영 중이야.(TS180)

❶ He | 's been **on the television**.
그는 | 티비에 나왔다.(EXO810)

❶ What | 's **on TV**?
무엇이 | 티비에 나오니?(ECD1069)

❶ Is the game | **on TV** tonight?
그 경기가 | 텔레비전에 오늘밤 방영되니?(ECD1069)

❶ You | are **on the air**.
너는 | 전파타고 있어. *방송중이다.

❶ The sit-com | has been **on the air** (for over ten years).
그 시트콤은 | 방송중이다 (10년 이상). (EID619)

A : ❶ There is no sign of air turbulence | **on our screen**.
대기 교란이 | 우리 스크린에는 나타나지 않아요.

B : [❶] I don't give a damn [what | 's **on your screen**].
난 [당신 화면에 무엇이 나타나는지] 상관 안 해요.(YAD5)

(appear on~)

❸ Diane Stevens | appeared | **on a wall television screen**.

다이엔 스티븐스가 | 나타났다 | 벽의 텔레비전 화면에.(YAD158)

(flash on~)

❸   A picture of Kelly | flashed | **on the television screen.**
       켈리의 영상이 | 떠올랐다 | 텔레비전 화면에.(YAD163)

(go on~)

❸   I |'m going | **on national television** next month.
       난 | 간다 | 다음 달 전국 방송에 나.(GWH47)

(hook on~)

❸   I |'m hooked | **on the Internet.**
       난 | 미쳤다 | 인터넷에.(EXD398)

 네 자리 문장

(do on~)

❺ | Do ‖ it | **on the air.**
       | 띄워라 ‖ 그것을 | 방송에.(UC&P)

(get on~)

❺   I |'ve got ‖ something | **on radar.**
       난 | 잡았어요 ‖ 뭔가 | 레이다에.(Ind206)

(hear on~)

❺   I | heard ‖ the news | **on my radio.**
       그는 | 들었어 ‖ 뉴스를 | 내 라디오에서.

[❺]   I remember [| hearing ‖ about it | **on the radio**].
       나는 [그것에 관해 들은 것을] 기억한다.(EXD328)

(run on~)

❺   Why don't you | run ‖ an ad | **on TV?**
       너는 | 내보지 그래 ‖ 광고를 | TV에.(ECD1150)

(see on~)

❺   I | saw ‖ you | **on TV** last night.
       나는 | 보았다 ‖ 너를 | 어제 밤 TV에서.(EXO710)

❺   I | saw ‖ it | **on television.**
       나는 그것을 텔레비전에서 보았다.

A : ❺ Did you | see ‖ this job ad | **on the internet**?
인터넷에서 이 구인광고 봤니?

B : Yes, but I won't be applying.
응, 그렇지만 지원 안 할 거야.(TEPS)

(watch on~)

[❺] Let's [| watch ‖ the baseball game | **on television**].
우리 [텔레비전에서 야구를 보도록] 하자.(EJD)

[~기능 3] 부착[사물(＋사람*) → 기계/전자매체]

(부착)

❶ What | 's **on that tape**?
무엇이 | 테입에 들어있니?(DG75)

❶ The file | is nowhere **on the disk**.
파일이 | 디스크 아무 곳에도 없어.(ECD735)

A : ❶ How many miles | **on the odometer**?
주행계가 얼마죠?

B : Just a little over 10,000 miles.
만마일 넘었어요.(EXD474)

(come on~)

❸ A new voice | came | **on the circuit**.
새 목소리가 | 왔다 | 회로에서.(RSR210)

(get on~)

❸* May I | get | **on the computer**?
나 | 써도 되니 | 컴퓨터?

(leave on~)

❸ How much space | is left | **on this disk**?
얼마 용량이 | 남아있어요 | 이 디스크에?(ECD736)

(get on~)

❺ Let's see [what you | really got ‖ ∨ | **on that tape**].
[그 테이프에 정말 무엇이 들어 있는지] 보자.(DG75)　*∨ = what

(have on~)

❺ How many miles does your car | have ‖ ∨ | **on its odometer?**　네 차는 | 되어 있나 ‖ 몇 마일이나 | 주행계에?(ECD247)　*∨ = miles

(punch on~)

❺ Jake | punched ‖ the play button | **on his tape recorder.**　제이크는 | 눌렀다 ‖ 작동 버튼을 | 그의 녹음기에 있는.(TTK115)

(record on~)

❺ Would you | please record ‖ this script | **on this tape?**
당신은 | 녹음 좀 해 주시겠어요 ‖ 이 원고를 | 테이프에?(ECD1084)

(save on~)

❺ **Which disk** did you | save ‖ it | **on** ∨?
넌 | 저장했니 ‖ 그걸 | 어느 디스크에.(ECD735)　*∨ = Which disk

● [~무체물] 부착[사람·사물 → 무체물·에너지]

(부착)

❶ Oh boy. we | 're **on fire.**
불이 붙었어.(TS)

❶ When your heart | 's **on fire,**
네 마음이 | 불타오를 때,

❶ My butt | is really **on fire.**
내 엉덩이 (발등) 에 | 불이 붙었어.

❶ Are you | **on fire?**
너 | 흥분했니?(Amy).

❶　His house | is **on fire**.
　　그의 집이 | 불붙고 있어.

(catch on~)

❸　Her clothes | caught | **on fire**.
　　그녀 옷이 | 붙어 있었다 | 불이.(ST34)

(come on~)

[❸]　I heard [that you | came | **on your old flame** downtown yesterday].　난 [네가 시내에서 어제 옛사랑을 만났고] 들었다.(NQE)

(walk on~)

❸　I | 'm walking | **on air**.
　　난 | 걷고 있어 | 공중을.(TEPS) *하늘을 나는 기분이다.

(find on~)

[❺]　He awoke [to | find ‖ the house | **on fire**].
　　그는 잠이 깨어 [집에 불이 난 것을 알았어]. *결과 표현

(send on~)

❺　I | send ‖ locusts | **on the wind**.
　　나는 | 보내 ‖ 메뚜기들을 | 바람에 날려.(POE)

(set on~)

❺　They | set ‖ the house | **on fire**.
　　그들은 | 질렀어 ‖ 그 집에 | 불을.(Jos8:8)

(turn on~)

❺　She | turned ‖ it (= the television set) | **on full blast**.
　　그녀는 | 틀었다 ‖ 텔레비전을 | 최고 음량으로.(SPS)

물건 짝수형

[~물건 짝수형 1] 음식/기호품 [사람 · 사물 → 물건]

(blow on~)

[❷]   It is not very polite [| to blow ‖ **on one's food** (to cool it)].   (음식을 식히려고) 입으로 부는 것은 그렇게 정중치 못한 짓이다.

(chomp on~)

❷   He | was chomping ‖ **on pancakes**.
그는 | 씹어 먹고 있었다 | 팬케이크를.(RJ385)

(feed on~)

❷   Cattle | feed (lives) ‖ **on grass**.
가축은 | 산다 ‖ 풀을 먹고.

〈❷〉   animals〈 that | feed ‖ **on the leaves of the trees** 〉.
〈 나무 잎을 먹고 사는 〉 동물들.

(live on~)

❷   Man | does not live ‖ **on bread** alone.
사람은 | 살지 않아 ‖ 빵으로만.

❷   She | lives ‖ **on vegetables**.
그녀는 | 산다 ‖ 채소로.(EJD) *채식주의자이다.

❷   We Koreans | chiefly live ‖ **on rice**.
한국인은 | 주로 산다 ‖ 쌀 (주식) 로.

(nibble on~)

[❷]   The cat started [| to nibble ‖ **on the rodent**].
고양이는 [그 쥐를 조금씩 물어뜯듯이 먹기] 시작했다.(2ER75)

(puff on~)

❷   Brom | puffed ‖ **on his pipe**.
브롬은 | 빨았다 ‖ 담뱃대를.(1ER369)

(sip on~)

❷   He | sipped ‖ **on a drink.**
그는 | 마셨어 ‖ 음료를 입에 대고.(Fm153)

cf❷ He | sipped ‖ wine.
그는 | 마셨어 ‖ 와인을.(Fm185)

(start on~)

❷   He | had just started ‖ **on a cream cake.**
그는 | 방금 시작했다 ‖ 크림 케이크를 먹기.(4HP334)

(go on~)

[❻]   I insist [| to go | Dutch ‖ **on luncheon**].
[점심을 각자 부담하기로] 합시다.(EXD311)

(pull on~)

❹   He | took ‖ a deep pull ‖ **on it** (= his pipe).
그는 | 대고 마셨다 ‖ 한 모금 길게 ‖ 파이프에.(5HP81)

[~물건 짝수형 2] 접촉/의존대상 [사람·사물 → 물건]

(check on~)

❷   Have you | checked ‖ **on your desk**?
너는 | 확인해 보았니 ‖ 책상 표면(위)을?(ECD109)

(cook on~)

❷   Do you | cook ‖ **on wood**?—No, we | cook ‖ **on coal.**
장작으로 요리를 하십니까?—아닙니다, 석탄으로 합니다.

(glue on~)

❷ | Glue ‖ **on the broken part.**
망가진 곳을 아교로 붙여라.

(heave on~)

❷   He | heaved ‖ **on the rope.**
     그는 | 세게 당겼다 ‖ 밧줄을.(3HP401)

(hit on~)

❷   He | hit ‖ right **on the bull's eye.**
     그는 | 찔렀어 ‖ 황소의 눈 (정곡) 을.

(knock on~)

❷   He | knocked ‖ **on the door.**
     그는 | 노크했다 ‖ 문에 대고.

❷ | Knock ‖ **on wood!**
     행운을 빈다.(ECD47)

(pull on~)

❷   He | pulled ‖ **on a board.**
     그는 | 끌어당겼다 ‖ 한 널판자를.(1ER114)

(run on~)

❷   The car | runs ‖ **on gas** (or methane).
     그 자동차는 | 달린다 ‖ 휘발유 (또는 메탄가스) 로.

❷   The toothbrush | runs ‖ **on electricity.**
     그 칫솔은 | 작동된다 ‖ 전기로.

(swear on~)

❷   I | swear ‖ **on the Bible.**
     나는 | 맹세합니다 ‖ 성서에 손을 얹고.

(non-verb on~)

❷   We | 're low ‖ **on gas.**
     우리는 | 다됐어 ‖ 연료가.(ECD261)

❷   I | 'm a little bit low ‖ **on dough** lately.
     나는 | 거의 없다 ‖ 돈이 요즈음.(EXD273) *dough;가루반죽, 돈(속어)

(cut on~)

❹   He | cut ‖ his foot ‖ **on the broken glass.**
     그는 | 베었다 ‖ 발을 ‖ 깨어진 유리에.(MSN)

❹   She | cut ‖ her finger ‖ **on a knife.**

그녀는 | 베었다 ‖ 손가락을 ‖ 칼로.

(get on~)

❹   He | got ‖ the fox ‖ **on the leg** (with a rock).
      그는 | 잡았다 ‖ 여우를 ‖ (돌로) 다리를.

❹   Can you | get ‖ Sydney ‖ **on that radio?**
      그 라디오로 시드니가 잡히니?

(play on~)

❹   She | played ‖ a waltz ‖ **on the piano.**
      그녀는 | 쳤다 ‖ 왈츠를 ‖ 피아노로.(EJD)

❹   He | played ‖ a tune ‖ **on the guitar.**
      그는 | 쳤다 ‖ 한 곡 ‖ 기타로.

(run on~)

❻   We | are running | low ‖ **on gas.**
      우리는 | 가고 있다 / 떨어져 ‖ 연료가.(ECD261)

(wipe on~)

❹   He | wiped ‖ his hand ‖ **on the towel.**
      그는 | 닦았어 ‖ 손을 ‖ 수건에. *도구를 나타냄.

❻   I | wiped | out ‖ **on my bike,** and scraped my knees.
      나는 | 씻겨 | 났다 ‖ 자전거에서, 무릎을 긁었다.(Baby Blues)
      *(자전거, 스키, 서핑 등에서) 전복하여 쓰러지다는 의미.

(take on~)

A :   Excuse me, didn't you see the red light?
      실례합니다만, 적신호를 못 보셨나요?

B :   [❹] Oh, I thought [I | could take ‖ a U-turn ‖ **on the red.** ‖ here].
      [여기서 적신호시 유턴을 해도 되는 줄 알았어요.(TEPS)

~관념 · 활동

[~관념 · 활동 1] 시작/계속 [사람 → 여행]

(시작/계속)

❶   He │ 's **on a 14-day tour** of Europe.
    그는 │ 14일 유럽 여행 중이야.

❶   U.S. Senate foreign relations leader │ **on Taiwan visit.**
    미상원 외교 지도자 대만 방문.(Korean Herald)

A : Why are you going to New York?
    뉴욕에 무슨 일로 가십니까?

B : ❶ I │ 'm **on a business trip.**
    사업차 갑니다.(ECD913)

(go on~)

❸   He │ went │ **on a trip.**
    그는 │ 갔다 │ 여행을.(EJD)

[❸]   I want [│ to go │ **on a trip**].
    나는 [여행을 가고] 싶다.

A : What your purpose is in applying for visa?
    비자 신청목적이 뭐죠?

B : ❸ I │ 'm going │ **on a business trip** to L.A.
    사업차 로스엔젤레스에 갑니다.(ECD890)

(start on~)

❸   He │ started │ **on a journey.**
    그는 │ 출발했다 │ 여행길로.

네 자리 문장

(come on~)

「❻　Our boss │ is coming ║ to our office 「**on inspection tour**.
　　사장님이 │ 오고 있다 ║ 우리 사무실로 「감사차.

(go on~)

「❻　He │ went ║ to New York 「**on business trips**.
　　그는 │ 갔다 ║ 뉴욕에 「출장으로.

(have on~)

「❻　We │ have ║ a new errand 「**on this journey**.
　　우리는 │ 있어 ║ 새로운 임무가 │ 이 여행에.(2LR299)

(led on~)

❺　He │ led ║ the Korean squad │ **on tours** to Africa and Europe.　그는 │ 데려갔다 ║ 한국팀을 │ Africa와 Europe 원정에.(NW)

(leave on~)

「❻　He │ left ║ for New York 「**on business trip**.
　　그는 │ 떠났다 ║ 뉴욕을 향해 「출장으로.

(stroll on~)

❼　They │ strolled │ in the sunshine │ **on a shopping trip**.
　　그들은 │ 슬슬 걸었다 │ 햇볕 속에 │ 쇼핑 여행으로.(CED)

(take on~)

❺　I │ take ║ you │ **on a tour** (or ride, date).
　　나는 │ 해 준다 ║ 네게 │ 여행 (혹은 승차, 데이트) 을.

「❻　How many baggages are you │ taking ║ ∨ 「**on the trip**?
　　넌 │ 가지고 가니 ║ 가방 몇 개를 「여행에.(EXD134)

(travel on~)

A :　❼ Where」 do you │ usually travel │ ∨ │ **on business trips**? ║ ∨ ?
　　어디로」 너는 │ 주로 가니 │ 출장은? *V=Where

B :　To America and Japan.
　　미국과 일본으로.(ECD1032)

[~관념 · 활동 2] 시작/계속 [사람 → 업무활동]

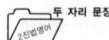

(시작/계속)

① Who│'s **on the switchboard** this afternoon?
누가 │ 오후 배전판 근무하니?

① We│'re **on a mission**.
우리는 │ 임무수행 중이야.

① He │ was **on an interview** for another part-time job.
그는 │ 비정규직 일의 인터뷰를 했다.

① We│'re **on a murder case**.
우리는 │ 살인 사건을 담당하고 있다.

(get on~)

③ I│'ll get │ **on her case** right away.
난 │ 될 거야 │ 그 여자의 사건에 매달리게 당장.

[③] I'm dying [│ to get │ **on that talk show**].
나는 [저 대담 프로 나가면] 얼마나 좋을까.(NQE)

(non-verb on~)

[③] Are we going to have John [│ **in with us** │ **on this plan**].
우리는 존을 [이 계획에 끼게 하려] 하는가요?(ECD772)

(break on~)

[⑦] I was lucky [│ to break │ even │ **on the deal**].
나는 운 좋게 [그 거래에서 본전을 했다].(ECD1043)

(listen on~)

[⑤] I just finished [│ listening ‖ to waitress │ **on local radio talk show**].
나는 [방금 지방라디오 토크쇼에서 어떤 웨이트리스의 말을]. (EXD51)

[~관념·활동 2a] 시작/계속 [사람 → business/job/work]

(시작/계속)

❶ I│'m **on Hogwarts business.**
나는 │ 호그와트 업무중이야.(1HP69)

❶ He │ is **on the job.**
그는 │ 항상 열심히 일해.(ECD1114)

❶ They are still **on the job.**
그들은 │ 아직 일하고 있어.

❶ Why are │ you **on that so called "job"?**
넌 │ 도대체 그걸 일이라고 하고 있니?(ECD143)

(sit on~)

❸ She │ has been sitting │ **on that job.** for two whole weeks. 그녀는 │ 깔아뭉갰다 │ 그 일을, 꼬박 2주일 동안.(EPV201)

(take on~)

❸ I │ can't take │ **on this work** any more.
나는 더 이상 이 일을 못 맡겠어.(ECD518)

(non-verb on~)

A : Will you join us in the tournament this year?
너 올해 시합에 나가는가?

B : I'm afraid not. ❸ I│'ll be <u>out of</u> town │ **on business.**
무리일 것 같아. 출장으로 없을 테니까.(EXD251,#ECD666)

A : ❶ What's」 the purpose of your visit?
방문목적이 무엇입니까?

B : ❸ I│'m here │ **on business.**
사업차 왔습니다.(TEPS)

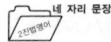 네 자리 문장

(get on~)

A : ❼ How are﹂you │ getting │ **on your job** │ ∨?
　　　사업은 잘 되어가니? *V=How

B : Fine, thank you
　　좋아, 고마워.(TEPS)

(go on~)

「❻ He │ went ‖ to New York 「**on business.**
　그는 │ 갔다 ‖ 뉴욕에 「사업차.(EJD)

(keep on~)

❺ He │ couldn't keep ‖ his mind │ **on his work.**
　그는 일에 집중할 수 없었어.

(non-verb on~)

A : Where on earth have you been?
　　넌 도대체 어디서 지냈니?

B : ❻ I │'ve been out of Korea │ **on business** ‖ for summer.
　　난 │ 한국에 없었어 │ 사업차 ‖ 여름 내내.

 다섯 자리 문장

(get on~)

❼ │ Get │ going (or moving, weaving) │ **on your work.**
　│ 하시오 │ (빨리) 시작하도록 │ 일을.

● [~관념·활동 2b] 시작/계속 [사람 → errand]

 두 자리 문장

(시작/계속)

[❶] I think [she │ is **on a fool's errand**].
　　 [그녀는 쓸데없는 일을 하는 것] 같아.(EID603)

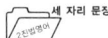

(come on~)

❸ Galdor | had come | **on errand** (from Cirdan).
갈도는 | 왔어 | (써단에서) 심부름으로.(1LR267)

(go on~)

❸ The girl | has gone | **on errand** (to the store for her mother). 소녀는 | 갔다 | (가게로 어머니) 심부름으로.(EXD110)

(run on~)

[❸] I hve to go to the post office [| to run | **on an errand**].
나는 [심부름으로] 우체국에 가야 한다.(EID732)

(send on~)

❺ I | sent ‖ him | **on an errand** (a while ago).
나는 | 보냈다 ‖ 그를 | 심부름을 (조금 전).(ECD111)

[~관념·활동 2c] 시작/계속 [사람 → strike]

(시작/계속)

❶ The railway workers | were **on strike**.
철도노동자들이 | 파업했어.(Zhi32)

(go on~)

❸ It's been almost a year now. They | went | **on strike** (in January). 지금 거의 1년째이다. 그들은 | 했다 | 파업을 (1월에).(EID619)

[❸] The workers decided [that they | would go | **on strike**].
그 노동자들은 [그들이 파업하는 것] 을 결정했어.

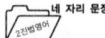

(take on~)

❺ There are no plans [| to take ‖ them | **on strike**].
[그들을 파업하게 할] 계획은 없다.

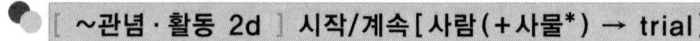

[~관념·활동 2d] 시작/계속 [사람(+사물*) → trial]

(시작/계속)

❶ The accused | is **on trial** for murder (or life).
피고는 | 살인죄 (혹은 종신형죄) 로 재판 중이야.

❶* The democracy | is **on trial** (in this country).
민주주의는 | 시험 (또는 시련) 중이다 (이 나라에서).

(go on~)

❸ He | went | **on trial** for robbery.
그는 | 재판에 기소되었어 | 강도죄로.

(put on~)

❸ The prisoner | was put | **on trial**.
그 수인은 | 졌다 | 재판에 처해.(LED)

(take on~)

[❺] The company agreed [to | take ‖ the machine | **on trial**]. 회사는 동의했다 [| 사용해 보기로 ‖ 그 기계를 | 시험적으로].

[~관념·활동 3] 시작/계속 [사람 → 근무/감시]

(시작/계속)

❶ I │'m **on night duty**.
　　나는 │ 야간 근무조이다.(ECD1027)

❶ Mr. Smith │ is now **on duty**.
　　스미스 씨는 │ 지금 근무 중이다.(EJD)

❶ │ Be **on your guard**.
　　│ 조심해라. *guard : 감시, 피수

❶ He │ is **on guard**.
　　그는 │ 파수하고 있어.(3LR126)

❶ One │ should be **on the alert** (for children in the street when driving).
　　우리는 (운전시 거리의 아이들을) 주의해야 한다.(EID619)

❶ │ Be always **on the watch**.
　　│ 항상 경계하라.(Lk21:36)

(go on~)

❸ He │ goes │ **on duty** at 8 a.m. {and} comes off duty at 5 p.m.　그는 │ 출근 │ 8시에 당번으로 {그리고} 5시 퇴근하여 비번이야.

(remain on~)

❸ The servants │ had remained │ **on guard** (there).
　　시종들은 │ 남아있었어 │ 파수하면서 (거기에).(3LR97)

(stay on~)

❸ │ Stay │ **on your guard**.
　　│ 계속해 │ 조심.(ECD1196)

❸ │ Stay │ **on the alert**, men. The enemy could be coming up the hill this moment.
　　병사들 경계하라. 적이 이 순간 산으로 오고 있을지도 모른다.(EID619)

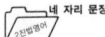

(expect on~)

❺ Mr. Phelan | expected ‖ him | to be **on duty** every hour of the day.
펠란 씨는 | 기대했다 ‖ 그가 | 온종일 당번이기를.(Te240)

(have on~)

❺* The U.S. Military | has ‖ several hundred ships | **on active duty** (around the world).
미군은 | 있다 ‖ 수백 대의 전함을 | 전투 태세를 갖춘 (지구 곳곳에).(EID602) *ship : 의인화

(tell on~)

❺ The policeman | told ‖ us | to be **on guard** tonight.
그 경찰관은 | 말했다 ‖ 우리에게 | 오늘밤 조심하라고.(EID616)

[~관념·활동 4] 시작/계속 [사람 → 공격/방어]

(시작/계속)

❶ He | was **on the attack**.
그는 | 공격적이었다.(TTK262)

❶ For more than a generation, conservative Christians | had been **on the defensive**.
한 세대 이상, 보수주의 기독교인들은 | 수세였다.(CBCC76)

(go on~)

❸ The anti-evolutionists | went | **on the attack**.
반진화론자들이 | 되었다 | 공격적으로.(NEA12)

(put on~)

❺ It | really put ‖ him | **on the defensive**.
그것이 | 했다 ‖ 그를 | 수세에 몰리게.(Dis86)

[~관념·활동 5] 시작/계속 [사람 → 동작/상태]

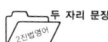

(시작/계속)

❶ You |'ve always been **on the go**.
넌 | 항상 바쁘게 지내왔잖아.

❶ Whole armies | were **on the march**.
모든 군대가 | 전진 중이었어.(2LR275)

❶ He | is always **on the move**.
그는 | 한시도 가만있지 않아.

❶ We | are **on the move**.
우리는 | 곧 움직여, 출발해.

❶ He | is **on the run**!
그는 | 도망중이다(3HP234).

A : Care to leave your name and phone number?
이름과 전화번호 남겨주시겠어요?

B : ❶ I |'m **on the move** and this is a pay phone.
난 | 이동중이예요. 여기는 공중전화입니다.(EXD146)

(go on~)

❸ He | went | **on a rampage** and broke everything in the room. 그는 | 난리를 피우면서 방안에 있던 걸 다 부쉈어.(NQE)

(live on~)

❸ Poor guy | had lived | **on the run**.

그는 | 살았다 | 도망치면서.(Pt191)

(rain on~)

❸   Nobody|'s raining | **on** your parade.
    누구도 네 기분에 찬물을 끼얹지는 않아.

 네 자리 문장

(get on~)

❺   You | got ‖ him | **on** the move.
    너는 | 잡아라 ‖ 그를 | 이동중인.(Pm)

(put on~)

❺   You | put ‖ us | **on** the run.
    너는 | 해라 ‖ 우리를 | 도망치도록.(POE)

[~관념·활동 5a] 시작/계속 [사람 → diet]

 두 자리 문장

(착수/계속)

❶   I|'m **on a diet** now.
    난 | 지금 다이어트중이야.(TEPS)

❶   The crew | was **on a diet** of cheese sandwiches.
    승무원은 | 치즈 샌드위치 식단이었다.(HRO423)

A :   You look slim. ❶ Have you | been **on a diet**?
    날씬해 보이네요. 다이어트 중인가요?

B :   Yes. I've lost 6 pounds.
    네. 6 파운드 빠졌어요.(TEPS)

 세 자리 문장

(go on~)

❸   She | went | **on a diet**.
    그녀는 | 시작했다 | 식이 요법을.(MSN)

❸ You | should go | **on a diet.**
당신은 | 좀 해야겠군요 | 다이어트를.(TEPS)

(have on~)

❺ The doctor | had ‖ her | **on a low-salt diet.**
의사는 | 시켰다 ‖ 그녀에게 | 저염분 다이어트를.

(lose on~)

❻ Samanta | lost ‖ twenty pounds 「**on a grape juice diet.**
사만타는 | 뺐다 ‖ 20 파운드 「포도 쥬스 다이어트로.(EID604)

(put on~)

❺ My doctor | put ‖ me | **on a complete vegetarian diet.**
나의 주치의는 | 시켰다 ‖ 나에게 | 완벽한 채식 다이어트를.(EPV210)

● [~관념·활동 5b] 시작/계속 [사람 → double]

(시작/계속)

❶ | **On the double.**
| 서둘러라.(Sph163)

A : Why are in such a rush?
왜 그렇게 서두르는 거지?

B : So we don't miss the bus. ❶ | **On the double!**
그래야 버스를 안 놓치지. 빨리 해!(EXD519)

(run on~)

❸ I | should run | **on the double.**
나는 | 달려야 한다 | 급히.

(clean on~)

「❻ | Clean ‖ your room 「on the double.
| 치워라 ‖ 네 방을 「재빨리.(EID620)

(deliver on~)

「❻ | Deliver ‖ this 「on the double.
| 배달해라 ‖ 이걸 「서둘러.(EID620)

(get on~)

❼ Get | back | on the double.
오라 | 돌아 | 급히.(Sph201)

(tell on~)

❺ | Tell ‖ her | on the double.
| 말해라 ‖ 그녀에게 | 서둘러고.(Sph163)

[~관념·활동 5c] 시작/계속 [사람 → four]

(시작/계속)

❶ He | was on all fours.
그는 | 큰 대자로 넘어져 있다.

(fall on~)

❸ The reporter | fell | on all fours.
그 기자는 | 넘어졌다 | 큰 대자로.(Te181)

(walk on~)

❸ I hurt my back snow-boarding, and I | had to walk | on all fours (around the house).
나는 스노우보드를 타다가 등을 다쳤고, 집에서 기어다녀야 했다.(EID603)

(see on~)

❺   She | saw ‖ him | **on all fours**.
그녀는 | 보았다 ‖ 그가 | 큰 대자로 엎어져 있는 것을.(Pel233)

[~관념·활동 5d] 시작/계속 [사람·사물 → hold]

(시작/계속)

❶   My wedding plans | are **on hold** until I find a good job.
내가 좋은 직장을 찾을 때까지 내 결혼 계획은 | 보류 중이다.(EID615)

(put on~)

❸   When I called the electric company to ask about my bill, I | was put | **on hold** for twenty minutes.
전기회사에 요금에 대해 문의하려고 전화했을 때 그들은 20분간 끊지말고 기다리게 했다.(EID615)

A :   ❺ I | 'd like to put ‖ our mail | **on vacation hold**?
나는 | 했으면 하는 데요 ‖ 배달을 | 휴가기간 중단?

B :   [❸] How long would you like your paper [| put | **on hold**]? 얼마동안 [중단하기] 원합니까?(EXD111)

(put on~)

❺ | Put ‖ him | **on hold**, would you?
| 해 두세요 ‖ 그 (전화를) 를 | 대기 상태로?(ECD650)

[❺]   His parents have asked us [| to put ‖ our wedding plans | **on hold**, until both of his sisters are married].
그의 부모는 우리에게 [두 자매가 결혼할 때까지 결혼계획을 연기하라고] 요구했어요.(EXD487)

[~관념 · 활동 6] 시작/계속 [사람 → 소득원]

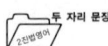

(시작/계속)

❶ I │ am **on salary**.
난 │ 봉급생활자입니다.

❶ He │ 's **on three hundred a week**.
그는 │ 일주일에 300불 받는다.

❶ Most people in this neighbor │ are **on welfare**.
이 부근의 사람들은 대부분 │ 구호에 의존한다.(EXD) *생활보호대상자

(live on~)

❸ That old scientist │ lives │ **on his retiring allowances**.
그 노 과학자는 │ (근근히) 산다 │ 퇴직금으로.(EXD273)

❸ My grandparents are retired and │ living │ **on fixed income**.   조부모는 │ 은퇴하여 │ 살고 있다 │ 고정 수입으로.(EXD273)

(get on~)

❼ He │ can get │ by │ **on a small income**.
그는 적은 봉급으로 생활할 수 없다.

❼ We │ cannot get │ along │ **on his salary**.
우리는 그의 봉급만으로 살아갈 수 없다.

(have on~)

❺ We │ did have ‖ him │ **on a small income support payment**.   우리는 │ 했다 ‖ 그를 │ 저소득 부양 지급금을 받게.

(live on~)

❼ He │ lived │ alone │ **on his old-age pension**.
그는 노령 연금을 받고 혼자 살았다.

[~관념 · 활동 7] 시작/계속 [사람 · 사물 → 조건/근거]

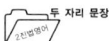

(시작/계속)

①   He ｜ was **on the charge** of being guilty of conspiracy.
그는 ｜ 모의죄로 기소되었다.

①   We ｜ are not **on speaking** (or visiting) **terms**.
우리는 ｜ 말하는 (왕래하는) 사이가 아니에요.(ECD540,834)

[①]   I see [you ｜ are **on a student** (or business) **visa**].
당신은 학생 (또는 사업) 비자로 방문하셨군요.(ECD918)

①   The news ｜ is **on good authority**.
그 뉴스는 ｜ 믿을 만한 소식통에서 나온 것이다.

(become on~)

❸   They ｜ became ｜ **on speaking terms** again.
그들은 ｜ 되었다 ｜ 다시 말하고 지내는 사이가.

(get on~)

❸   He ｜'ll get ｜ **on the program**.
그는 ｜ 행동할 거야 ｜ 계획대로.(Dis86)

(have on~)

[❸]   I see [you ｜ have ｜ **on a student** (or business) **visa**].
당신은 학생 (또는 사업) 비자로 방문하셨군요.(ECD918)

(walk on~)

❸   Despite a lengthy trial, the defendant ｜ walked ｜ **on charges** of murder.
그 지루한 재판에도 불구하고 피고는 살인혐의를 벗었다.(EID947)

(do on~)

⑤   I | will do ‖ it | **on one condition.**
    나는 | 할 것이다 ‖ 그것을 | 하나의 조건을 붙여.(EJD)

(indict on~)

⑤   The prosecutor | indicted ‖ him | **on charge** of corruption.   검사가 | 기소했다 ‖ 그를 | 부패혐의로.

[~관념·활동 7a] 시작/계속[사물 → basis]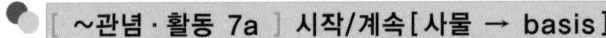

(시작/계속)

❶   Now we | are **on a first-name basis.**
    이제부터 우리는 | 친한 사이야.

❶   Dosage of drugs | was **on basis** of body weight.
    투약량은 | 체중 기준이었다.

(compete on~)

[❸]   He allowed them [| to compete | **on an equal basis**].
      그는 그들이 [대등한 기준으로 경쟁하도록] 허락했다.

(install on~)

❸   This machine | has been installed | **on a trial basis.**
    이 기계는 | 설치되었다 | 요구에 의해.(EXD114)

(treat on~)

[❸]   They want all groups [| to be treated | **on an equal basis**].   그들은 [모든 그룹이 대등한 기준으로 취급되기를] 원했다.(CED)

(work on~)

[❸]   Airline booking system need [| to work | **on real time basis**].   항공예약제는 [실시간으로 운영될] 필요가 있다.(EXD542)

(get on~)

[❺]　It's a good idea for older people [| to get ‖ a checkup | **on the a yearly basis**].
노인들이 [1년 단위로 건강검진을 받는 것은] 좋은 아이디어이다.(EXD542)

(treat on~)

❺　So we | treated ‖ them | **on an equal basis**.
그래서 우리는 | 취급했다 ‖ 그들을 | 대등한 기준으로.

[~관념 · 활동 7b] 시작/계속 [사람 · 사물 → notice]

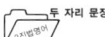

(시작/계속)

❶　He | was **on a short notice** (to go there).
그는 | (거기 가라는) 짧은 사전 통고를 받았다.

❶　His resignation | is was **on a short notice**.
그의 사임은 | 짧은 기간의 사전 통고로 이루어졌다.

(call on~)

A :　[❸] Do you know [why a meeting has been called | **on such a short notice**]?　넌 [왜 회의가 그렇게 갑자기 소집되었는지] 아니?
B :　I have no idea.
　　모르겠는데.(ECD742)

(come on~)

❸　I | can come | **on an instant's notice**.
난 | 갈 수 있다 | 연락만 주면 즉시.(EXD296)

(move on~)

❸　How can we | move | **on such short notice**.
어떻게 | 우리가 옮길 수 있어요 | 그렇게 짧은 통보에?(EXD296)

(call on~)

❺ They | called ‖ a meeting | **on a short notice**.
그들은 | 소집했다 ‖ 회의를 | 짧은 통고로. *갑자기 하다.

(marry on~)

[❺] She agreed [| to marry ‖ him | **on a short notice**].
그는 [갑자기 그와 결혼할 것을] 합의했다.

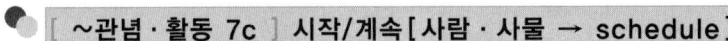
[~관념·활동 7c] 시작/계속 [사람·사물 → schedule]

(시작/계속)

❶ Are we | **on schedule**?
우리는 | 예정대로 운행중입니까?(ECD913)

❶ What | 's **on your schedule** tonight?
무엇이 | 오늘 밤 스케줄이니?

A : Will this flight leave on time?
비행기 정시에 떠나요?

B : ❶ Yes. It | is (due) **on schedule**.
네. 예정시간대로예요.(ECD902)

(arrive on~)

❸ Mitch | arrived (precisely at eight-thirty), | **on schedule**. 미치는 | (정각 8시 반에) 도착했어 | 예정대로.(Fm56)

(fly on~)

❸ Are we | flying | **on schedule**?
비행기가 | 가요 | 예정대로?

(go on~)

A : How is your work coming along?

180 50키워드영어 ON

너의 일이 어떻게 되고 있어?

B : ❸ Everything | 's going pretty well | **on schedule.**
  모든 것이 | 잘 되고 있다 | 예정대로.(EXD236)

(stay on~)

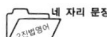

❸ | Stay | **on schedule.**
  | (계속) 일해라 | 예정대로.

(make on~)

[❺] We expect [| to make ‖ our four hour flight plan | **on schedule**]. 우리는 기대합니다 [우리의 4시간 비행계획이 예정대로 될 것을].

[~관념 · 활동 8] 시작/계속 [사람 · 사물 → 거래활동]

(시작/계속)

❶ My hat | is **on order.**
  내 모자는 | 주문 중이다.(EID617)

❶ Everything | was **on credit.**
  모든 것이 | 외상이었다.

(buy on~)

❸ The vehicle | was bought | **on credit?**
  그 차는 | 구입되었다 | 외상으로.

(put on~)

❸ The part | was put | **on order.**
  그 부속품은 | 두었다 | 주문해.

PART 2 – on~   181

(buy on~)

❺   Can I | buy ‖ it | **on credit?**
           내가 | 살 수 있어요 ‖ 그걸 | 외상으로?(Te446)

(get on~)

❺   We | got ‖ a bill for $49 | **on that phone call!**
           우리는 | 받았다 ‖ 49달러 청구서를 | 전화 한 통화에.

(put on~)

❺   He | put ‖ the part | **on order.**
           그는 | 두었다 ‖ 그 부속품을 | 주문해.

A :   How would you like to take care of your bill?
           비용을 어떻게 처리 하시겠어요?

B :   ❺ | Put ‖ it | **on my account**, please.
           | 놓아요 ‖ 그것을 | 내 외상에 달아.(EXD310, ECD348)

[~관념·활동 8a] 시작/계속 [물건 → sale]

(시작/계속)

❶   This dress | is **on sale** now.
           이 옷은 | 지금 할인 판매 중이야.

❶   Those articles | are now **on sale**.
           그 물건들은 | 지금 세일 중이다.(EJD)

A :   ❶ Are all these books | **on sale?**
           이 책들 전부 | 할인판매해요?

B :   No, only those with blue labels.
           아니오, 파란딱지 붙은 것만.(TEPS)

(buy on~)

❸   This coat | was bought | **on sale**.
    이 코트는 | 샀다 | 할인판매에서.

(buy on~)

❺   I | bought ‖ this coat | **on sale**.
    나는 | 샀다 ‖ 이 코트를 | 할인판매에서.

(get on~)

❺   I | got ‖ this fountain pen | **on sale**.
    나는 | 샀다 ‖ 이 만년필 | 세일에서.

A : That outfit she has on must have cost for a fortune.
     그녀가 걸치고 있는 옷은 돈깨나 준 것 같군.

B : ❺ Maybe she | got ‖ things | **on sale**.
     아마 세일 때 샀을 걸.(EXD68)

(buy on~)

A : Where did you get (or buy) it?
     그거 어디서 샀니?

B : ⓫ I | bought ‖ it | **on sale** | at New Core Department.
     뉴코아 백화점에서 세일 할 때 샀어.(ECD367)

● [~관념·활동 9] 시작/계속 [돈 → 관념·활동]

(시작/계속)

❶   Considerable money | was **on this event**.
    상당한 돈이 | 이 이벤트에 들어갔다.

(go on~)

❸ Much tax money | goes | **on ecologically unsound projects.** 많은 세금이 | 쓰인다 | 환경에 좋지 않은 프로젝트에.(EPV437)

(spend on~)

A : 〈❸〉 Were the product sales worth all the money 〈| spent | **on advertising** 〉? 제품판매가 〈 광고에 쓴 〉 돈 만큼의 가치가 있었나요?

B : I believe it was worth the money, all things considered. 종합적으로 보면 그 돈의 값어치는 있었어요.(EXD188)

(put on~)

❺ You | shouldn't put ‖ money | **on such an outside chance.** 넌 | 투자해서는 안된다 ‖ 돈을 | 그런 희박한 가능성에.(EPV437)

(spend on~)

❺ They | spent ‖ a lot of money | **on advertising.** 그들은 | 지출했다 ‖ 많은 돈을 | 광고에.

[~관념·활동 10] 관련/관계 [관념·활동 → 관련대상]

(관련대상)

❶ What |'s **on the agenda?** 의제가 | 무엇이니?(TEPS)

❶ The longest chapter in almost any book on baby care | is **on feeding.** 유아양육에 대한 거의 모든 책의 가장 긴 장은 | 섭생에 대한 것이다.(CED)

❶ It | was **on the responsibility of women.**

그것 (연설 주제) 은 | 여성의 책임이었다.(LOF73)

❶ The stress | was **on this particular research**.
역점이 | 이 특별한 연구에 있었다.

❶ What was」 your graduation thesis **on** ∨?
네 졸업논문은 | 무엇에 관한 것이었니?(ECD708) *∨ = What

(border on~)

❸ Such a reform | borders | **on absurdity**.
그런 개혁은 | 접한다 | 어리석음에. *거의 어리석은 짓이다.

(center on~)

[❸] His talk really didn't seem [| to center | **on anything**].
그의 말은 정말 핵심이 없는 것 같다.(EPV435)

(complete on~)

❺ We | completed ‖ the project | **on budget**.
우리는 | 완성했다 ‖ 계획을 | 예산에 관한.

(give on~)

[❺] She declined [| to give ‖ any information | **on the Presidential election**].
그녀는 [대통령 선거에 대한 어떤 정보도 주기를] 거절했다.(CED)

(lay on~)

[❺] I want [| to lay ‖ stress | **on the following points**].
나는 [다음 몇 가지 점을 강조하기를] 원합니다.(EPV227)

(make on~)

❺ We | don't have to make ‖ a quick decision | **on this matter**. 우리는 | 할 필요가 없다 ‖ 급한 결정을 | 이 일에 관해.(EXD153)

[❺] I don't want [| to make ‖ any comment | **on it**].
난 [그것에 대해 어떤 말도 하고] 싶지 않아.(ECD952)

(need on~)

⑤ I || need || references | **on Korean economics.**
　　난 | 필요해요 || 자료가 | 한국 경제에 관한.(ECD874)

(put on~)

⑤ Our school | puts || emphasis | **on Christian values.**
　　우리 학교는 | 둔다 || 강조를 | 기독교 가치관에.(EPV)

(start on~)

[⑤] Let's [| start || our talk | **on our purchase of 100 TV sets** from your company].
　　우리 [귀사로부터의 TV 100 세트 구매 건에 대해 이야기를 시작하도록] 합시다.(EXD289)

(have on~)

「⑮ Can I || have || a few words 「with you | **on that matter.**
　　나 | 할 수 있니 | 몇 마디 「너와 | 그 문제에 대해.(EXD154)

[~관념·활동 11] 시작/계속 [사람 → 기타 관념·활동]

(시작/계속)

❶ I || am **on it.**
　　난 | 그걸 하고 있어.(B&D10, Ind196)
　　ⓐ 내게 맡겨라.(6HP599) ⓑ 할 마음이 있다 ⓒ 고수하다

❶ I |'ll no more **on it.**
　　난 | 더 이상 안 참을 거야.(R&J77)

❶ **What** are you | **on** ∨?
　　너 | 무엇하고 있니?(OAD)　*∨ = What

❶ **What number** are they | **on** ∨ right now?
　　그들은 | 지금 몇 번 번호를 하고 있니?(MRO)　*∨ = What number

❶ Are you | still **on the story** about Rosenberg and Jensen? 너 | 아직도 로젠버그와 젠센의 기사에 집중하고 있니?(Pel188)

❶　He｜'s **on the second chapter** now.
　　그는 ｜ 제2장을 하고 있다.

❶　Their mind ｜ is **on the worldly things**.
　　그들의 마음은 ｜ 세상일에 고착되어 있다.(Phi3:19)

(bet on~)

❸　I ｜ can even bet ｜ **on that**.
　　나는 ｜ 보증한다 ｜ 그것에.(ECD531)

(chance on~)

❸　It was not invention; we ｜ just happened ｜ **on it**.
　　그건 발명이 아니었어; 우리는 ｜ 우연히 발견했다 ｜ 그것을.(EPV167)

(concentrate on~)

❸　Don't interrupt {while} I｜'m concentrating ｜ **on my thesis**.　논문 쓰느라고 집중하고 있는데 방해하지 마세요.(ECD859)

(gamble on~)

[❸]　It is really unwise [｜ to gamble ｜ **on games of chance**].
　　운에 달린 게임에 돈을 거는 것은 정말 어리석은 짓이다.(EPV437)

(get on~)

❸　I｜'ll get ｜ right **on it**.
　　난 ｜ 착수할거야 ｜ 그것에 곧.(J&C)

❸　｜ Get ｜ **on the beat**.
　　｜ 맞춰라 ｜ 박자에.(MHO)

(go on~)

❸　We ｜ can't go ｜ **on this**! We need more information before we can act on this matter.
　　이걸 갖고 어떻게 행동에 착수해! 이 문제에 대해 조치를 취하려면 정보가 더 필요해.(NQE)

(sleep on~)

[❸]　Let me [｜ sleep ｜ **on it**].
　　나를 [그것에 대해 심사숙고하게] 하도록 해줘.

A :　[❸] It's tough decision for us, so why don't you let us [｜

sleep | **on it**]?
결정하기 어렵네요. 좀 더 생각해 보면 안될까요?

B : All right, I'll give you until tomorrow to decide.
좋아요, 내일까지 결정할 시간을 드리죠.(TEPS)

(start on~)

[❸] I don't know [how | to start | **on it**].
나는 [이 문제를 어떻게 시작해야 할지] 몰라.(ECD716)

(stop on~)

❸ We | stopped | **on chapter two**.
우리는 | 중단했다 | 제2장에서.(MSN)

(think on~)

❸ We | think | **on it**.
우린 | 생각한다 | 그것에 대해.(1ER241)

(touch on~)

❸ Sherry | touched | **on the topic** of anthropology during her speech.   쉐리는 연설 도중 인류학의 주제를 간단히 언급했다.(EID913)

(work on~)

❸ I | am working | **on it**.
나는 | 일하고 있다 | 그것에 관해.(B&D15)

 네 자리 문장

(get on~)

❺ I | 've got ‖ my best men | **on it**.
나는 최정예 요원을 그것에 배치해 놓았어.(J&C)

A : Would you please take care of this as soon as possible?
될 수 있는 대로 빨리 이걸 처리해 주시겠어요?

B : Leave it to me. I | 'll get | right **on it**.
제게 맡겨요. 곧 시작하겠습니다.(EXD135)

❼ I | 'll get | busy | **on it**.
내가 그 일을 곧 시작할 거야.

❼ The committee | finally got | together | **on** its proposals.
위원회는 그 제안에 대하여 결국 의견이 일치했다.

❼ | Get | back to me | **on** this.
이것에 대해 보고하시오.

❼ He | got | hooked | **on** gambling.
그는 | 되었다 | 미치게 | 도박에.(EXD398)

(work on~)

A : That was a great presentation you gave!
네가 한 발표 정말 훌륭했어!

B : Thank you, ❼ I | worked | hard | **on** it.
고마워, 나는 | 일했다 | 열심히 | 그것에 관해.(TEPS)

[~관념 · 활동 12] 시작/계속 [사물 → 기타 관념 · 활동]

(시작/계속)

❶ The copy machine | 's **on the fritz**.
그 복사기는 | 고장이야.

❶ Crime | is **on the increase**.
범죄가 | 증가하고 있다.(EJD)

❶ The Yen market | is **on the rise**.
엔 시장이 | 상승세에 있어.

❶ Human freedom | is **on the march**.
인간의 자유는 | 전진 중이야.

❶ Her little brief | is right **on point**.
그녀의 작은 보고서는 | 정곡을 찌른 것이다.(PBR18)

❶ It | was **on the news**, last night.
그건 | 어제 밤 뉴스에 나왔어.(TS)

A : ❶ Good luck | **on the test**.
행운이 | 시험에. *시험 잘 봐라.

B : Thanks, I'll need it.
고마워, 운이 좋아야 할 텐데.(TEPS)

A : ❶ Good job | **on the show**.

공연 잘했어.

B : Thanks. I | appreciate it.
고마워.(TEPS)

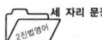

(put on~)

❸ Minimal stress | was put | **on this**.
최소한의 역점이 | 주어졌다 | 이것에.

(take on~)

❸ No evidence | was taken | **on the job**.
아무 증거도 | 취해지지 않았다 | 그 일에.

(test on~)

⟨❸⟩ The teacher touched on the major points ⟨ that | would tested | **on the final exam** ⟩.
교사는 ⟨ 기말고사에서 치르게 될 ⟩ 요점들에 대해 간단히 언급했다.(EXD153)

(bet on~)

❺ I | can bet ‖ my house | **on it**.
나는 | 걸겠어 ‖ 내 집을 | 그것에.

(do on~)

❺ I | did ‖ a lousy job | **on it**.
나는 그 일을 엉터리로 했다.(EXD20)

(get on~)

A : What's wrong?
무슨 일이냐?

B : ❺ I | got ‖ a "D" | **on my final exam** in Chemistry.
나는 | 받았다 ‖ D를 | 화학 기말시험에서.(TEPS)

(hear on~)

❺ They | heard ‖ about it | **on the news**.
그들은 | 들었다 ‖ 그것에 관해 | 뉴스에서.(YAD16)

(put on~)

❺ We | are putting ‖ a great stress | **on this**.
우리는 | 쓰고 있어 ‖ 큰 힘을 | 이 일에 관해.

❺ I | can't put ‖ my fingers | **on it**.
나는 뭐라고 꼭 꼬집어 말할 수 없어요.(ECD502,968)

(take on~)

❺ As there are three more months, we | can take ‖ our time | **on the job**.
3개월 정도 더 남았으므로 그 일은 천천히 해도 돼.(ECD723)

(give on~)

❾ | Give ‖ me ‖ some reference | **on your work**.
| 주세요 ‖ 내게 ‖ 참고 될 것을 | 당신이 일하면서.(ECD64)

(shed on~)

❾ I can't solve this math problem! Can you | shed ‖ some light | **on it** ‖ for me?
난 이 수학 문제를 풀 수 없어. 내게 그걸 좀 설명할 수 있니?(EID768)

● [~관념·활동 13] 시작/계속 [사람·사물 → 형용사의 명사화]

(시작/계속)

❶ You | 're **on the loose**.
넌 | 도망 중이야.(1ER285)

❶ His name | is **on high**.
그의 이름은 | 높습니다.

❶ Our marriage | was **on the quiet**.
우리의 결혼식이 | 은밀히 이루어졌다.

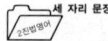 세 자리 문장

(lay on~)

❸ When it | is laid | **on thick** | hate it
나는 아부를 받은 것을 싫어한다.

(marry on~)

❸ They | were married | **on the quiet.**
그들은 | 결혼했다 | 조용히.

(meet on~)

❸ Amy and I | met | **on the quiet** for years.
애미와 나는 | 만났다 | 은밀히 몇 년 동안.(EID624)

 네 자리 문장

(keep on~)

❺ | Keep ‖ this | **on the quiet.**
이것은 비밀로 해.(EID624)

(lay on~)

[❺] I don't know [how | to lay ‖ it | **on thick**].
나는 [어떻게 아부하는지를] 몰라.(ECD54)

(lift on~)

❺ I | lift ‖ your name | **on high.**
나는 | 올립니다 ‖ 당신의 이름을 | 높이.(PS)

(take on~)

「❻ He | took ‖ a few sweets 「**on the sly.**
그는 | 집었다 ‖ 사탕을 몇 개 | 몰래 사탕을.

관념 · 활동 짝수형

[~관념 · 활동 짝수형 1] 근거/의존[사람 · 사물 → 관념 · 활동]

(act on~)

❷   You | should act ‖ **on your teacher's advice**.
    너는 | 행동해야 한다 ‖ 선생의 충고에 따라.(EJD)

〈❷〉 a levelling system 〈 which | acts ‖ **on the same principle** as a spirit level 〉.
    〈 정신수준과 같은 원칙으로 작용하는 〉 평등시스템.(CED)

(base on~)

❷   The movie | is based ‖ **on this book**.
    그 영화는 | 근거를 두고 있다 ‖ 이 책에.

(call on~)

❷   He | had to call ‖ **on all his experience** (to carry out the plan).
    그는 (그 계획을 수행하기 위해) 지금까지의 그의 경험을 모두 활용해야 했다.

(count on~)

A : Do you think we'll get a bonus this year.
    올해 우리가 보너스 받을 거라고 생각하니?

B : In this economic situation? ❷ I | wouldn't count ‖ **on it**.
    이런 경제상황에서? 난 기대 안 해.(EXD174)

(depend on~)

❷   Most of the cases | depend ‖ **on questions of fact**.
    대부분의 사건들은 | 의존한다 ‖ 사실문제에 따라.(LWS29)

A : Do you drink wine with your meal?
    식사 때 와인 드시나요?

B : Sometimes, ❷ it | depends ‖ **on the occasion**.

가끔요, 상황에 따라서요.(TEPS)

(dwell on~)

❷ You | should not dwell ‖ **on history.**
너는 | 머물러서는 안돼 ‖ 과거에.(#ECD125)

(found on~)

❷ His story | is founded ‖ **on experience.**
그의 이야기는 | 근거를 두고 있다 ‖ 경험에.(EJD)

(rely on~)

❷ You | may rely ‖ **on his discretion.**
너는 | 믿어도 좋아 ‖ 그의 사려 분별을.

❷ I think I can come, { but } | don't rely ‖ **on it.**
나는 올 수 있다고 생각하지{만} | 꼭 믿지는 마라 ‖ 그것을.

(shake on~)

[❷] Let's [| shake ‖ **on that**].
그런 의미에서 악수해요.(ECD10)

(turn on~)

❷ The question | turns ‖ **on this point.**
문제는 | 달려 있다 ‖ 이 점에.

❷ Most of the cases | turn ‖ **on questions of fact.**
대부분의 사건들은 | 결정된다 ‖ 사실문제에 따라.(LWS29)

❷ The future of my company | turns ‖ **on the present trade talks.** 우리 회사의 장래는 당면한 무역교섭에 달려 있다.(EPV437)

네 자리 문장

(base on~)

❹ The story was fiction, but the author | based ‖ it ‖ **on fact.** 그 이야기는 소설이지만, 작가가 사실에 입각해서 섰다.(EPV533)

(build on~)

❹ They | built ‖ their theory ‖ **on several false assumptions.** 그들은 몇 가지 잘못된 가설을 토대로 그들의 이론을 펼쳤다.(EPV533)

(demand on~)

❹ We | demand ‖ cash ‖ **on delivery**.
　　우리는 | 요구합니다 ‖ 현금을 ‖ 배달받는 대로. *배달조건지불

(do on~)

❹ He | did ‖ it ‖ **on the instructions of his superiors**.
　　그는 | 했다 ‖ 그것을 ‖ 상사의 지시에 따라.

(make on~)

❹ Can we | make ‖ any money ‖ **on this**?
　　우리는 | 벌 수 있을까 ‖ 돈을 ‖ 이것에?(#EXD277)

(reach on~)

❹ We | will reach ‖ our judgments ‖ not **on intentions** or **on promises** but **on deeds** and **on results**.
　　우리는 | 도달할 것이다 ‖ 우리의 판단을 ‖ 의도나 약속이 아니라 행위와 결과에 근거하여.(Margaret Thatcher)

(non-verb on~)

❻ The dollar | rose | above 100 yen ‖ **on the news**.
　　달러화는 | 올랐다 | 100엔 이상 ‖ 뉴스에 의하면.(ECD1202)

[~관념·활동 짝수형 2] 관련/관계[사람·사물 → 관념·활동]

(agree on~)

❷ They | agreed ‖ **on lunch**.
　　그들은 | 합의했다 ‖ 점심을.(RJ265)

(bargain on~)

❷ We | hadn't bargained ‖ **on the fact** [that he won].
　　우리는 | 예상하지 못했다 ‖[그가 이길 거라는] 사실을.(ECD525)

(cheat on~)

A : [❷] Adam got way with [| cheating ‖ **on exam**].
　　아담이 [시험에서 부정행위를 했지만] 그냥 넘어갔대.

B : Again? He's so devious.
　　또? 정말 교활한 녀석이야.(TEPS)

(come on~)

❷　How did you | come ‖ **on such a good idea?**
　　어떻게 넌 | 우연히 떠올랐니 ‖ 좋은 생각이?(EPV170)

(decide on~)

❷　Harry | decided ‖ **on the truth.**
　　해리는 | 결정했다 ‖ 진실을 말하기로.(1HP192, 6HP344)

❷　Have you | decided ‖ **on your vacation plans?**
　　너는 | 결정했니 ‖ 휴가계획에 대해?

❷　I | cannot decide ‖ **on a gift** 〈 for her 〉.
　　나는 | 결정할 수 없어 ‖〈그녀를 위한〉선물에 대해.

(enter on~)

❷　The government | is entering ‖ **on a new economic policy.**　정부가 새로운 경제 정책에 착수하고 있다.(EPV364)

(hit on~)

❷　I | have hit ‖ **on a good idea.**
　　나는 | 우연히 떠올랐다 ‖ 좋은 생각이.

(improve on~)

❷　What a beautiful poem! It is impossible [| to improve ‖ **on it**].　너무나 아름다운 시구나! [더 좋게 다듬는 건] 불가능해.(EPV286)

(infringe on~)

❷　He claims [I | 'm infringing ‖ **on his copyright**].
　　그는 [내가 그의 저작권을 침해하고 있다고] 주장한다.(ECD1173)

(insist on~)

❷　He | insisted ‖ **on his innocence.**
　　그는 | 주장했다 ‖ 자기의 무죄에 대해.

❷　He | insisted ‖ **on it** [that he was innocent].
　　그는 | 주장했다 ‖ 그것을 [자기가 무죄라는 것].

(lecture on~)

❷　The professor | lectured ‖ **on French History.**
　　그 교수는 | 강의했다 ‖ 프랑스 역사에 관하여.

(meditate on~)

❷   He | meditated ‖ **on** his actions.
그는 | 명상했다 ‖ 그의 행동에 대해.

(strike on~)

❷   At last I | struck ‖ **on** the solution.
드디어 나는 | 생각해 냈다 ‖ 그 해답을.

(trample on~)

❷   The government | is trampling ‖ **on** our rights.
정부는 | 짓밟고 있다 ‖ 우리의 권리를.(EPV190)

(non-verb on~)

❷   He | is long ‖ **on** theory but | short ‖ **on** practice.
그는 | 강하다 ‖ 이론에 (하나) | 약하다 ‖ 실기에.(ECD1120)

❷   I | 'm with you ‖ **on** that.
난 | 너와 동감이야 ‖ 그것에 대해.(ECD943)

 네 자리 문장

(agree on~)

❻   I | agree | with you ‖ **on** that.
난 | 동의한다 | 네게 ‖ 그것에 대해.(ECD943)

(congratulate on~)

❹   We | congratulated ‖ him ‖ **on** his success.
우리는 | 축하했어 ‖ 그를 ‖ 그의 성공에 대해.

(do on~)

❻   I | did | well ‖ **on** the exam.
난 | 했다 | 잘 ‖ 시험에서.(ECD943) *잘쳤다.

(go on~)

❻   I | 'll go | along with you ‖ **on** that.
난 | 갈 것이다 | 너와 함께 ‖ 그것에 대해.(ECD943) *동감이다.

(hold on~)

❻   She | held | forth ‖ **on** sexual inequality.
그녀는 | 열변을 | 토했다 ‖ 남녀 불평등에 관해.(EPV320)

(pride on~)

❹   She | prides ‖ herself ‖ **on her beauty.**
그녀는 | 자랑한다 ‖ 자신을 ‖ 미모에 대해.

(see on~)

❻   We | saw | eye to eye ‖ **on the matter.**
우리는 그 건에 대해 완전 합의를 했다.(ECD528)

(talk on~)

❻   I | talked | with him ‖ **on the matter** (for an hour).
나는 | 이야기했다 | 그와 ‖ 그 문제에 대해 (한 시간).(ECD985)

(yield on~)

❹   I |'ll not yield ‖ an inch ‖ **on that matter.**
나는 | 양보 않을 거야 ‖ 한 치도 ‖ 그 문제에 대해.(ECD528)

(non-verb on~)

❻   Are you | angry | with me ‖ **on that score?**
넌 | 화났니 | 나에게 ‖ 그것에 대해?(ECD141)

장소 · 위치

[~장소 1a] 접근/부착[사람 → 지형]

(접근/부착)

❶ They|'re **on the beach**.
그들은 | 해변에 있어.

❶ The Nephilim | were **on the earth** (in those days).
네피림이 | 땅위에 있었다 (당시에는).(Ge6:4)

[❶] Imagine [you | are **on a beautiful island**].
상상해 봐 [네가 | 아름다운 섬에 있다고].

❶ A few people | were **on the streets**, others are cars.
몇 사람들이 | 거리에 있었고, 다른 사람들은 차안에 있었다.(ST2)

❶ I|'m **on Main Street**. What bus goes downtown?
나는 | 메인 거리에 있어. 몇 번 버스가 시내로 가니?

A : ❶ Where am| I (right) now?
여기 어디죠?

B : ❶ You|'re **on the Broadway**.
브로드웨이입니다.(ECD103)

(advance on~)

❸ The enemy | advanced | **on Rome**.
적은 | 진격했다 | 로마에.(EJD)

(chance on~)

❸ The explorers | chanced | **on the hidden valley**.
그 탐험가들은 | 우연히 발견했다 | 비경의 계곡을.(EPV169)

(grow · up on~)

❸　They ｜ grew · up ｜ **on** the beach.
　　　그들은 ｜ 자랐다 ｜ 해변에서.(Pt320)

(march on~)

❸　They ｜ marched ｜ **on** the capital.
　　　그들은 ｜ 행진했다 ｜ 수도를 목표로.

(lie on~)

❸　They ｜ lay ｜ **on** the beach.
　　　그들은 ｜ 누워있어 ｜ 해변에.(Fm483)

(live on~)

❸　Who ｜ may live ｜ **on** your holy hill?
　　　주의 성산에 거할 자 누구오니까.(Ps15:1)

(sit on~)

[❸]　Let's [｜ sit ｜ **on** the grass].
　　　우리 하자 [｜ 앉기로 ｜ 풀밭 위에].(EJD)

(walk on~)

❸　They ｜ walked ｜ **on** the beach.
　　　그들은 ｜ 걸었다 ｜ 해변에서.(Fm171)

　네 자리 문장

(come on~)

「❻　｜ Come ‖ up to me 「**on** the mountain.
　　　｜ 오라 ‖ 내게로 나아 「산에 올라 (Dt10:1)

(go on~)

A :　Is there a drugstore around here?
　　　이 근처 약국이 있어요?

B :　Yes, ❺｜ go ‖ to Kim's drugstore ｜ **on** Jason Street.
　　　네 제이슨 가의 킴즈 약국으로 가세요.(TEPS)

❼　They ｜ went ｜ barefoot ｜ **on** the beach.
　　　그들은 ｜ 갔다 ｜ 맨발로 ｜ 해변에서.

❼　She ｜ went ｜ shopping ｜ **on** the Myongdong.
　　　그녀는 ｜ 갔다 ｜ 쇼핑하러 ｜ 명동에.

(have on~)

❺ Rich | no longer has ‖ his feet | **on the ground**, now that he's a famous comedian.
리치는 더 이상 발을 땅에 디디고 있지 않아. (들떠있다) 이젠 유명한 코미디언이 됐기 때문이야.(EID374)

(make on~)

A : You have been smiling all day. What's up?
너 종일 싱글벙글인데. 무슨 일 있어?

B : 「❻ I | made ‖ a killing 「**on Wall Street**.
주식해서 돈 좀 벌었어.(EXD272)

(meet on~)

❺ I | met ‖ John | **on the street**.
나는 | 만났다 ‖ 존을 | 거리에서.(EJD)

(set on~)

❺ He | set ‖ me | **on the ground**.
그는 | 놓았다 ‖ 나를 | 지면에.(GTB22)

[~장소 1b] 접근/부착[사람 → 구조물]

(접근/부착)

❶ **What floor** are we | **on**?
여기가 몇 층이죠 [우리가 몇 층에 있죠]?(ECD407)

(come on~)

❸ I | came | **on a music store** that sells lots of heavy metal CD's.
난 헤비메탈 CD를 엄청 많이 파는 음반 가게를 찾았지.(NQE)

(glide on~)

❸ A skater | glides | **on the ice**.
스케이트 선수가 빙상을 활주한다.

(live on~)

❸ I | live | **on the second floor.**
나는 | 산다 | 이층에.

(stay on~)

[❸] Customers who had one too many are not allowed [| to stay | **on the premises**].
취한 손님은 [이 건물에 더 이상 머물 수] 없습니다.(EXD59)

(non-verb on~)

❸ Mark Harris | was alone | **on the deck.**
마크 해리스는 | 혼자였다 | 옥상에서.(YAD3)

(forget on~)

「❻ I | forgot ‖ the lines 「**on the stage.**
나는 | 잊어버렸다 ‖ 대사를 「무대에서.(ECD)

(join on~)

❺ We | may join ‖ them | **on the tomb.**
우리는 | 합류할 지도 몰라 ‖ 그들과 | 무덤에서.(PM)

(put on~)

❺ Please | don't put ‖ Humpson | **on the stand.**
제발 | 세우지 마라 ‖ 험슨을 | 증언대에.(MFD100)

(turn on~)

❺ He | turned ‖ his back | **on the wall.**
그는 | 돌렸다 ‖ 등을 | 벽으로.

[~장소 2a] 접근/부착 [사물 → 지형]

(접근/부착)

❶ The hotel | is **on the hill.**

그 호텔은 | 언덕에 있어.

❶   The hotel | is **on the coast.**
        그 호텔은 | 해변에 붙어있다.(CED)

❶   The village | was **on the river.**
        그 마을은 | 강에 붙어있었다.

❶」   There are」 boats | **on the lake.**
        호수에 보트가 떠 있다.(MED)

A :   Excuse me, is there a post office near here?
        실례합니다. 이 근처에 우체국이 있습니까?

B :   Yes, ❶ there's」 one | **on 2nd Street.**
        예, 2번가에 하나 있습니다.(TEPS)

 세 자리 문장

(build on~)

❸   The house | is built | **on** (or upon) **firm ground.**
        집은 | 지어졌다 | 단단한 지반 위에.

❸   **How much acres of land is」** is the house built | **on** ∨?
        몇 에이커 위에」 그 집이 | 지어졌어요?(ECD573)

(come on~)

❸   (And after the seven days) the floodwaters | came | **on the earth.**   (칠 일 후에) 홍수가 | 왔다 | 땅에 덮여.(Ge7:10)

[❸]   For forty days the flood kept [| coming | **on the earth**].
        사십일 동안 홍수가 [땅에 와 있었는지] 라.(Ge7:17)

(face on~)

❸   The hotel | is facing | **on the lake.**
        그 호텔은 | 면하고 있다 | 호수에.

(open on~)

❸   The door | opens | **on the street.**
        그 문은 | 열린다 | 거리 쪽에 면해서.(EJD)

(stand on~)

❸ Our school | stands | **on the hill.**
우리 학교는 | 언덕 위에 | 있어.

(stay on~)

❸ This flight | will stay | **on the ground** for two hours.
이 비행기는 | 머물 예정입니다 | 지상에서 두 시간 동안.(ECD908)

(come on~)

「❻ The ark | came ‖ to rest 「**on the mountains** of Ararat.
방주가 | 되었다 ‖ 머물게 「아라랏 산에(Ge8:4)

「❻ Our inheritance has come ‖ to us 「**on the east side** of the Jordan. 우리는 요단 동편에 기업을 얻었으니.(Nu32:19)

(park on~)

A : ❺ Can I | park ‖ the car | **on the street**?
나는 | 주차해도 돼나요 ‖ 차를 | 이 거리에?

B : I think it's illegal.
불법일 텐데요.(ECD269)

(spend on~)

❺ She | had spent ‖ a great deal of her life | **on the beach.**
그녀는 | 보냈다 ‖ 생애의 많은 부분을 | 해변에서.(Pt320)

● [~장소 2b] 접근/부착[사물 → 구조물]

(접근/부착)

❶ My office | is **on the 14th floor**, to the right as you exit the elevator. 사무실은 | 14층, 엘리베이터를 나와 오른 쪽이야.(6HP88)

❶ The hearing |'s **on my floor**, in Amelia Bones's office.
청문회는 | 나와 같은 층, 아멜리아 본즈 사무실에 열린다.(5HP123)

❶ It |'s **on three**. Let's move.

그것 (승강기) 이 | 3층에 섰다. 이동하자 (서둘자).(Sp34)

❶　There are」 some flies | **on the ceiling.**
　　파리들이 | 천장에 붙어 있어.(EJD)

❶」　There was」 a loud pounding | **on the door.**
　　크게 쿵쿵치는 소리가 | 문에 있었다.(SPS)

❶　The house | has been **on the market** for two months.
　　그 집은 | 팔려고 내놓은 지 2개월이 됐어.(ECD581)

❶　Dibs | **on the seat** near the window!
　　창문 옆자리 찜!(EXD281) *어린이 표현

❶　The poster | is **on the wall.**
　　포스터가 | 벽에 붙어 있어.

❶　The writing | is **on the wall.**
　　안 좋은 일이 생길 거야.(Dan)

A :　Is there a restaurant in this building?
　　이 건물 내에 식당이 있어요?

B :　❶ It | 's **on the second basement.**
　　지하 2층에 있어요.(ECD104)

(come on~)

❸　A lot of new houses | should be coming | **on the market** soon. 많은 신축 가옥들이 곧 시장에 나올 것이다.(EPV)

❸」　There came」 a knock | **on the door.**
　　노크가 | 있었어 | 문에.(1LR267)

(lie on~)

❸」　**On my wall**」 lies」 a photograph of you.
　　내 벽에, 걸려있어, 네 사진이.

(list on~)

❸　More companies | will be listed | **on the market** next year. 더 많은 회사들이 | 상장될 것이다 | 시장에, 내년.(#ECD1202)

(mount on~)

❸　A wooden wheel | is mounted | **on the wall.**

목재 바퀴가 | 달려 있다 | 벽에.

(place on~)

❸   Price tags | are placed | **on the wall.**
       가격표가 | 붙어있어 | 벽에.

(put on~)

❸   Recruit | will be put | **on the market** today.
       Recruit지가 오늘 발매될 것이다.(ECD1076)

(stop on~)

❸   This (= elevator) | doesn't stop | **on the third floor.**
       이 엘리베이터는 | 서지 않아요 | 3층에서는.(ECD408)

 네 자리 문장

(get on~)

❺   I | can't get ∥ the ball | **on the green.**
       나는 | 할 수 없다 ∥ 볼을 | 그린에 붙일 수.(ECD1093)

[❺]   Can't you see [that we|'ve got (or put)] ∥ dibs | **on these seat**]. [우리가 이 자리 점찍어 (잡아) 놓은 것] 모르겠니?(EXD282)

(hang on~)

❺ | Hang ∥ the picture | **on the wall.**
       | 걸어라 ∥ 그 그림을 | 벽에.

(put on~)

❺   Who | has put ∥ it | **on the wall?**
       누가 | 붙였니 ∥ 그것을 | 벽에?

[❺]   I think this is the best time [| to put ∥ the house | **on the market**].
       나는 [집을 시장에 내놓기에는] 지금이 가장 적기라고 생각한다.(ECD581)

(see on~)

❺   They | could see ∥ the writing | **on the wall.**
       그들은 나쁜 일이 일어날 것을 예측할 수 있었다. *다니엘서에서 유래

(throw on~)

❺   She | threw ∥ a folded dollar | **on the counter.**
       그녀는 | 던졌다 ∥ 접은 1불을 | 카운터 위에.(CED)

[~길 1a] 접근/부착 [사람 → 길]

(접근/부착)

❶ I│'ve got to be **on my way**.
나 │ 가보아야겠어. (#ECD21)

❶ Then I │ can be **on my way**.
그때 난 │ 길을 떠날 수 있어. (Te280)

❶ I │ was just **on my way** 〈 up 〉.
나는 │ 막 〈 올라 〉 가는 중이었어요. (4SC98)

❶ He │ was **on his way**.
그는 │ 길 가는 도중에 있었다.

❶ It happened as he │ was **on his way** 〈 to Jerusalem 〉.
그 일은 그가 │ 〈 예루살렘으로 〉 가는 길에 일어났다. (Lk17:11WEB)

❶ He │ is **on the road**.
그는 │ 출타 (출장) 중이다. (TEPS)

A : I need to go to the Smithsonian Museum.
스미소니안 박물관에 가려고 갑니다.

B : ❶ I│'m **on my way** 〈 there 〉 too.
저도 〈 거기 〉 가는 길입니다. (TEPS)

A : [❶] I just think we should look at a road map to make sure [we│'re **on the right road**].
[우리가 길을 똑바로 가고 있는지] 확인하기 위해 도로지도를 보아야 할 것 같아.

B : ❶│ **On the right road**? I told you, I've come here many times. 똑바로 가고 있냐고? 여기에 많이 왔다고 말했잖아. (TEPS)

(drive on~)

❸ │ Drive carefully │ **on the highway**.
│ 조심해 운전해라 │ 고속도로에서. (TEPS)

(embark on~)

❸ Once I | embark | **on the course**, I won't change my mind. 일단 | 결정하면 | 그 방향으로, 난 마음을 바꾸지 않을 거야.(EPV364)

(get on~)

[❸] I'm really anxious [| to get | **on the road**]. 나는 정말로 원해 [길에서 출발하기를].(MR)

A : Why don't we stop for gas before ❸ we | get | **on the highway.** 고속도로에 들어가기 전에 주유소에 들르는 게 어때요?

B : We are kind of low, so that's good idea. 기름이 다 떨어져 가니까 그게 좋겠군요.(TEPS)

(go on~)

❸ He | went | **on his way.** 그는 | 갔다 | 그의 길을.

(meet on~)

❸ They | met | **on their way** ⟨ back ⟩. 그들은 | 만났어 | ⟨돌아오는⟩ 도중에.

(speed on~)

❸ He | sped | **on his way.** 그는 | 속력을 냈다 | 길에서.(1ER102)

(start on~)

❸ The men | started | **on their way.** 그 사람들이 | 시작했다 | 길 가기를.(Jos18:8)

(beckon on~)

「❻ He | beckoned ‖ to Eragon 「**on the way** ⟨ out ⟩. 그는 | 손짓했다 ‖ 에라곤에게 「⟨나가는⟩ 길에.(1ER81)

(change on~)

「❻ Do I | have to change ‖ for New york 「**on the way**? 나는 | 갈아타야 합니까 ‖ 뉴욕행으로 「도중에.(ECD224)

(get on~)

❼ I | got | lost | **on my way.**

나는 | 됐어 | 잃게 | 길을.(ECD103)

❼ I | got | lost | **on my way** 〈 here 〉.
나는 〈 여기 오는 〉 길을 잃었어.

❼ The girl | got | hurt | **on her way** 〈 home from work 〉.
그 소녀는 〈 일을 마치고 집으로 〉 오는 길에 다쳤다.

(meet on~)

❺ Ahijah the prophet | met ‖ him | **on** the way.
선지자 아히야가 길에서 저를 만나니.(1Ki11:29)

❺ The lion | met ‖ him | **on** the road.
사자가 길에서 저를 만나,(1Ki13:24)

(pass on~)

「❻ Harry | passed ‖ him 「**on his way** 〈 out of the portrait hole 〉.」 해리는 | 지났다 ‖ 그를 「 〈 초상화구멍에서 나오는 〉 길에(4HP358).

(send on~)

❺ The church | sent ‖ them | **on their way**.
교회가 | 보냈다 ‖ 그들을 | 그들의 길로.(Ac15:3)

[❺] Who would believe [he | would send ‖ us | **on a false trail**]? 누가 믿었겠니 [그가 우리를 엉뚱한 샛길로 보내리라고]?(Paradise)

(pick on~)

A : Why were you so upset this morning?
왜 오늘 아침 기분이 왜 그렇게 안 좋았어요?

B : ⓫ I | had ‖ my purse | picked | **on my way** 〈 to work 〉.
〈 출근 〉 길에 소매치기를 당했어요.(TEPS)

[~길 1b] 접근/부착 [사물 → 길]

(접근/부착)

❶ It | must be **on its way**. I don't know.
그것은 | 가는 도중일텐데. 모르겠군요.(SE)

[❶] You don't know [if it |'s **on the way** 〈 up 〉]?
네가 모르다니 [그것이 | 내방으로 오는 중에 있는지를]?(SE)

❶ The check | is **on its way**.
계산서가 | 오는 중이야.

❶ It (= Silicon Valley)'s already | is **on its way** 〈 back 〉.
그것 (실리콘 벨리) 는 이미 | 회복 중이야.(NW)

❶ | Still **on the course**.
| 아직 순항 중.(Sho21)

❶ How many stops | are **on the way** 〈 to 2nd Street 〉?
몇 정거장이 | 〈 2번가까지 〉 도중에 있나요?(ECD228)

❶ Conveniently, Boston is | **on the way** 〈 to New Hampshire 〉. 편리하게도, 보스톤은 | 〈 뉴 햄프셔 〉 가는 도중에 있다.

[❶] I think [winter | is **on its way**].
난 [겨울이 다가오는 것으로] 생각돼.(ECD1061)

A : What made you so late getting to the meeting last night?
어젯밤 회의에 왜 그렇게 늦게 오셨어요?

B : ❶」There was」a lot of traffic | **on the highway**.
고속도로 정체가 심했어요.(TEPS)

(run on~)

A : ❸ How often do buses | run | **on a this route**?
얼마 간격으로 버스가 | 운행합니까 | 이 노선에서?

B : Every 10 minutes or so.
약 10분에 한 대씩 다녀요.(EXD470)

(sail on~)

❸ The ship │ sailed │ **on** a southerly course.
그 배는 │ 항해했다 │ 남쪽 코스로.

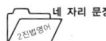

(get on~)

「❻ │ Get ‖ it 「**on** your way 〈 out 〉.
│ 가져가라 ‖ 그것을 〈 나 〉 가는 길에.(BI)

「❻ I │'ll get ‖ it 「**on** my way 〈 back 〉.
〈 돌아 〉 가는 길에 가져갈 거야.(KA0)

(make on~)

❺ We │'ll make ‖ Boston │ **on** the way 〈 to New York 〉.
우리는 │ 들를 것이다 ‖ 보스톤에 │〈 뉴욕에 〉 가는 도중.(SMV)

(see on~)

「❻ I │ saw ‖ it 「**on** the way 〈 here 〉.
나는 │ 보았다 ‖ 그것을「〈 여기 〉 오는 길에.(KA2)

(throw on~)

❺ His figure │ threw ‖ a shadow │ **on** the road.
그의 몸이 │ 드리웠다 ‖ 그림자를 │ 도로에.(EPV228)

● [길 2] 접근/부착 [사람 · 사물 → 궤도]

(접근/부착)

❶ He │ was **on** the track.
그는 │ 트랙에 있었어.(Fm380)

❶ He │'s **on** the fast track.
그는 │ 출세가도를 달리고 있다.(TEPS)

❶ He │'s **on** the right track again.
그는 │ 다시 정상 궤도에 있어.(5HP586)

❶ We │'re **on** the right track.

우리는 | 유리한 입장에 있어.(ECD530)

❶ Oh, man! A chase car | is **on our track**.
오, 이런! 순찰차가 | 따라오고 있어.(GG)

❶ Everything | is **on track**.
모든 일이 | 잘 진행되고 있어.(DAC)

 세 자리 문장

(leave on~)

❸ Your train | leaves | **on Track** No. 3.
당신 열차는 | 출발합니다 | 3번 선에서.(ECD235)

(stay on~)

❸ He | stays | **on track**.
그는 | 머물고 있어 | 궤도에.

 네 자리 문장

(keep on~)

❺ He | kept ‖ every thing | **on track**.
그는 | 유지했다 ‖ 모든 것을 | 정상 (궤도) 으로.

(take on~)

A : Which platform does the train for New York leave from?
뉴욕행 열차는 어느 승강장에서 떠나나요?

B : ❺ | Take ‖ the train | **on track** number 4.
| 타세요 ‖ 열차를 | 4번 트랙 홈에서.(ECD235)

● [~위치 1a] 접근/부착 [사람 · 사물 → 좌우 위치]

 두 자리 문장

(접근/부착)

❶ Who | is **on my side**?
누가 | 내 편이냐?(2Ki9:32)

❶ **Whose side** are」you │ **on** ∨?
　누구 편이야」너는? *∨ = Whose side

❶ I│'m a little **on the conservative side.**
　나는 │ 약간 보수적인 편이야.

❶ Your seat │ is **on the right side** of the plane.
　귀하의 좌석은 │ 비행기의 오른편에 있습니다.

❶ The law │ is **on your side.**
　법은 │ 네 편이다.(5HP123)

❶ The doors │ are **on the** (or your) **left.**
　문은 │ 왼편 (또는 네 왼편) 에 있다. *지하철 안내방송

❶ The town │ is **on the west side** of the Mississippi.
　그 읍은 │ 미시시피 강의 서쪽에 있다.(JED)

A : Where can I find Mr. Miller's office?
　스미스 씨 사무실이 어디죠?

B : Take the elevator to the fifth floor, and ❶ it│'s **on the left.** 엘리베이터를 타고 5층에 가시면 왼편에 있어요.(TEPS)

(get on~)

❸ I │ got │ **on his bad side.**
　나는 │ 되었다 │ 그의 나쁜 편이.(ECD1135) *그의 미움을 사다.

(lie on~)

❸ The town │ lies │ **on the west side** of the Mississippi.
　그 읍은 │ 위치한다 │ 미시시피 강의 서쪽에.(EJD)

(print on~)

[❸] I'd like them [│ printed │ **on both sides**].
　나는 그것들을 [양면 복사되도록] 원해요.(ECD732)

(wait on~)

A : Where can I take a taxi?
　택시는 어디서 타나요?

B : ❸ │ Just wait │ **on the corner.**
　길모퉁이에서 기다리면 돼요.(TEPS)

(non-verb on~)

❸ Your seat | is **on the left** | in the back.
　　손님 좌석은 | 왼쪽입니다 | 뒤편.(ECD227)

A : Where is Mr. Miller's office?
　　밀러 씨 사무실 어디죠?

B : ❸ It | 's the third office | **on your right**.
　　오른 쪽 세 번째 사무실입니다.(ECD105)

(find on~)

❺ You | 'll find ‖ it | **on the left**.
　　너는 | 볼 거야 ‖ 그것을 | 왼편에서.

❺ They | found ‖ him | **on the other side** 〈 of the lake 〉.
　　그들은 그를 〈호수〉 건너편에서 만났다.(Jn6:25)

(get on~)

❼ He | got | **out of** the bed | **on the wrong side**.
　　그는 | 됐다 | 침대에서 나오게 | 틀린 쪽에. *기분이 나쁘다.

A : What's wrong with Bliss today? She has had a long face all day long.　블리스가 왜 저러지? 하루 종일 얼굴을 찌푸리고 있어.

B : [❼] I guess [she | got | **out of** the bed | **on the wrong side**]. 그녀가 기분이 안 좋은 것 같아.(ECD508)

(go on~)

❺ I | am going ‖ to the theater | **on the corner**.
　　나는 | 가는 중이다 ‖ 극장에 | 모퉁이 있는.(EJD)

(have on~)

❺ We | have ‖ the referee | **on our side**.
　　우리는 | 가졌다 ‖ 심판을 | 우리 편에.(ECD531)

(keep on~)

《❺》 You've got a way 〈 to | keep ‖ me | **on your side** 〉.
　　너는〈 | 유지하는 ‖ 나를 | 네 편으로〉방법을 가졌군.

(loom on~)

[❼]　　He | saw Pike's peak [| looming | up | **on the right side**].
　　　　그는 파이크 봉우리가 [오른 편으로 어렴풋이 접근하는 것] 을 보았다.(YAD5)

(put on~)

❺　　| Put ‖ the label | **on the side**.
　　　| 놓아라 ‖ 이 라벨 (이름) 을 | 옆에.(ECD312)

(relate on~)

「❻　　He | is related ‖ to me 「**on my mother's side**.
　　　그는 | 친척관계다 ‖ 나에게 「어머니 쪽으로.(ECD1212)

(run on~)

❺　　He | runs ‖ a souvenir shop | **on the side**.
　　　그는 | 운영해 ‖ 기념품 가게를 | 부업으로.

(see on~)

❺　　As you get off the escalator you | 'll see ‖ it | **on your right**.　에스컬레이터에서 내리면 오른쪽에 보일 겁니다.(ECD329)

❺　　We | saw ‖ Lake Como | **on our left**.
　　　우리는 | 보았다 ‖ 코모 호수를 | 왼편에.

(sell on~)

❺　　I | sell ‖ insurance | **on the side**.
　　　나는 | 세일을 한다 ‖ 보험 | 부업으로.(ECD1022)

(stand on~)

❼　　He | 's standing | in front of row | **on the right**.
　　　그는 | 서있다 | 앞줄에 | 오른쪽.(ECD201)

(take on~)

❺　　| Please take ‖ bus no. 3 | **on the opposite side**.
　　　| 타세요 ‖ 3번 버스를 | 건너편에서.(ECD226)

(throw on~)

❺　　| Throw ‖ your net | **on the right side** of the boat.
　　　| 던져라 ‖ 그물을 | 배 오른편에.(Jn21:6)

(want on~)

❺　　We | want ‖ you | **on our side**.
　　　우리는 | 원한다 ‖ 너를 | 우리편으로.(Bre290)

(give on~)

❾ Can you | give ‖ me ‖ your phone number | just to be **on** the safe side?
만약을 위해 선생님의 전화번호를 주시겠어요?(ECD653)

● [~위치 1b] 접근/부착 [사람·사물 → 상하 위치]

(접근/부착)

❶ I |'m **on top** of you.
내가 | 네게 주도권이 있어.

❶ Our volleyball team | is **on top** of the league.
우리 배구팀은 정상에 섰다.(EID627)

❶ Fixing the roof | is **on top** of my list.
지붕 고치는 게 | 급선무야.

❶ No, come on. | **On the level**.
그러지 말고 | 솔직히 하자.(DH)

❶ He | is really **on the level**.
그는 | 정말 정직하다.(ECD1130)

A : The Ambassador of Slovakia is arriving today.
슬로바키아 대사가 오늘 도착할 거야.

B : ❶ Don't worry. I |'m **on top of it**! I've arranged a nice welcome for him.
걱정 마. 알고 있어! 멋진 환영회를 준비해 두었어.(EID627)

(feel on~)

❸ I | feel | **on top** of the world!
나는 | 기분이야 | 세상 꼭대기에 있는 (세상을 얻은)!(#ECD1178)

(sit on~)

❸ Jason | has been sitting | **on top** of the world {since} he saw his good test scores.
좋은 시험결과에 제이슨은 기분이 최고조에 도달해 있어.(8ESL152)

(get on~)

❺ I | got ‖ a seat | **on the ground level**.
나는 | 잡았다 ‖ 자리를 | 무대 가까운 위치로.(ECD210)

(wear on~)

❺ Jane | is wearing ‖ a new hat | **on top** of her head.
제인은 | 쓰고 있다 ‖ 새 모자를 | 머리에.(EID627)

[~위치 2] 접근/부착[사람·사물 → 선]

(접근/부착)

❶ | **On the line**.
| 선상이다. *테니스 : safe

❶ It | 's **on the Green Line #7**.
그건 | 지하철 초록 7호선상에 있어.

❶ My life | was **on the line**. = There's」 a life | **on the line**.
목숨이 | 경각에 있다.(TTK297)

❶ All our jobs | are **on the line**.
우리 일자리가 | 위태로워.(EXD457)

❶ His heavy weight title | is **on the line**.
헤비급 챔피언 타이틀을 두고 싸워.

❶ The guy | 's **on death row**.
그는 | 사형수 감방에 있어.

(put on~)

❸   My life | was put | **on the line.**
        네 목숨이 | 놓여있었어 | 경각에.

(sit on~)

❸   He | now sat | **on death row** in Hunstville, Texas.
        그는 | 지금 앉아 있었어 | 텍사스 주 헌츠빌 사형수 감옥에.(Pt144)

(find on~)

❺ | Got ‖ eight of the | **on death row**, he said, not bragging.   8명을 사형수 감방에 보냈어, 그가 말했어, 허풍이 아니라.(Pt348)

(put on~)

❺ | | put ‖ my life | **on the line.**
        나는 | 두었다 ‖ 네 목숨을 | 걸어.(CaKr318)

[~위치 3a] 접근/부착 [사람(＋신체*) → edge]

(접근/부착)

❶ | |'m a little **on edge.**
        난 | 약간 짜증 (신경질) 나, 초조해.(ECD175)
        *edge 끝, 모서리에 있어 신경 쓰인다는 데서 유래

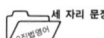

(feel on~)

❸ | | feel | **on edge** today.
        나 | 느껴 | 모서리에 있음을 오늘. *짜증나다.

(seem on~)

❸   Darren, is everything OK? You │ really seem │ **on edge** today.   대런, 괜찮아? 너 오늘은 정말 초조해 보이는구나.(EID608)

(sit on~)

❸   Josh │ sat │ **on the edge** of his desk.
조시는 │ 앉아 있었다 │ 자기 책상 모서리에.(Te354)

[❸]*   It feels like [my teeth │ are sitting │ **on the edge**].
[이가 들떠 흔들리는 것] 같아요.(ECD318)

(drive on~)

❺   It │ really drives ‖ me │ **on edge**.
그건 │ 진짜 몬다 ‖ 나를 │ 모서리로. *짜증나게 한다.

[~위치 3b   접근/부착 [머리카락 → end]]

(접근/부착)

❶   Are your hair │ **on end** yet?
네 머리칼이 │ 아직 서 있니?

❶   Crooksanks's hair │ was **on end** again.
크룩섕크스(= 고양이 이름)의 털이 다시 곤두섰다.(3HP381)

(stand on~)

❸   When they did look their hair │ nearly stood │ **on end**.
그들이 보았을 때, 머리칼이 │ 거의 섰다 │ 곤두.(CN633,3HP226)

(put on~)

❺   Their mock wars │ will surely put ‖ your hairs │ **on end**.
그들의 모의 전쟁은 │ 할 것이다 ‖ 네 머리칼을 │ 곤두서게.

[~위치 3c] 접근/부착[사람·사물 → verge]

(접근/부착)

❶ They | were **on the verge** of falling.
그들은 | 금방 쓰러질 것만 같았다.

❶ His firm | was **on the verge** of bankruptcy.
그의 회사는 | 파산 직전에 있었어.(SED) *verge 가장자리, 끝

❶ Why are Arab economies | **on the verge** of crisis?
왜 아랍 경제는 | 위기 직전인가?(NW)

(appear on~)

❸ Grit himself | appeared | **on the verge** of tears.
그리트 자신은 | 보였어 | 금방 울음을 터뜨릴 것처럼.(Te182)

(look on~)

❸ Hermoine | looked | **on the verge** of tears.
허마니는 | 보였다 | 울기 직전인 것처럼.(5HP66)

(teeter on~)

❸ The group | teetered | **on the verge** of unruliness.
그들은 질서유지가 힘들어졌어.(Pt126)

(leave on~)

❺ Tiger Woods' 64 | leaves ‖ him | **on the verge** of his seventh victory.
타이거 우즈의 64점은 | 둔다 ‖ 그를 | 7번 째 승리의 직전에.

[~위치 4] 접근/부착 [사람 · 사물 → 기타 위치]

(접근/부착)

❶ You│'re not **on here**.
네 이름은 │ 여기 (벽에) 없어.(5HP111)

❶ He│'s been **on there** for all night.
그는 │ 밤새 저기에 앉아 있었어.

❶ │ **On your mark**!
│ 위치 (표시한 데) 로!

❶ The earth │ is **on its axis**.
지구는 │ 그 축에 붙어 있다.

❶ It│'s **on the tip** of my tongue.
(말이) │ 혀끝에서 빙빙 돌아.

❶ There is│no negligence │ **on my part**.
나로서는 잘못이 없다.(ECD934)

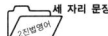

(pass on~)

❸ │ Pass │ **on it**.
│ 통과해라 │ 그걸 밟고.*무시해.(DHV50)

(stand on~)

❸ You │ stand │ **on the brink** of greatness.
너는 │ 서 있어 │ 저명해지려는 문턱에.

(turn on~)

❸ The earth │ turns │ **on its axis**.
지구는 │ 돈다 │ 그 축에 붙어. *자전(自轉)한다.

(get on~)

❼ You │ got │ here │ **on dot**.

PART 2 – on~   221

너는 | 도착했군 | 여기 | 점 (제 시간) 에. (ECD489)

(hire on~)

❺　　We | hired ‖ him | **on the spot.**
　　　　우리는 | 고용했다 ‖ 그를 | 즉석에서. (EID624)

(put on~)

❺　　Did you | put ‖ medicine | **on the cut?**
　　　　너는 | 놓았니 ‖ 약을 | 상처부위에 발라?

❺　　You | are putting ‖ her | **on the spot.**
　　　　너는 | 처하게 하고 있다 ‖ 그녀를 | 곤란한 상황에. (EID624)

장소·위치 짝수형

[~장소·위치 짝수형] 지향/부착 [사람·사물 → 장소·위치]

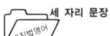

(gaze on~)

❷　He ｜ gazed ‖ **on** the vista.
　　그는 ｜ 응시했다 ‖ 전망을.

(knock on~)

❷　｜ Knock, knock, knochin' ‖ **on** heaven' door.
　　｜ 두드려요 ‖ 천국의 문을.(Pops)

(look on~)

❷　I ｜ 'll never look ‖ **on** the landscape again.
　　나는 ｜ 결코 보지 않을 것이다 ‖ 그 경치를 다시는.

❷　He ｜ looked ‖ **on** his other side.
　　그는 ｜ 보았다 ‖ 그의 다른 쪽을.(4HP518)

❷　｜ Always look ‖ **on** the bright side of life.
　　｜ 항상 보아라 ‖ 인생의 밝은 면을.(TEPS) *좋은 쪽으로 생각해.

(push on~)

❷　Almost guiltily he ｜ pushed ‖ **on** the door.
　　거의 죄의식을 가지고 그는 ｜ 밀었다 ‖ 문을.(1ER375)

(sign on~)

❷　Those who wish to join us ｜ can sign ‖ **on** here.
　　우리에게 합류할 사람은 ｜ 사인해라 ‖ 여기에.(EPV478)

A : I'd like to cash this check, please.
　　이 수표 현금으로 바꿔주세요.

B : ❷ ｜ Please sign (or endorse) ‖ **on** the back.
　　 (수표) 뒷면에 싸인 (또는 배서) 해주세요.(ECD589)

(non-verb on~)

❷ That│'s a misunderstanding ‖ **on your part.**
그건 │ 오해예요 ‖ 당신의.(ECD960)

❷ What's」the weather │ like ∨ ‖ **on your side?**
날씨가 │ 어때요 ‖ 당신 쪽은?(ECD1045) *V=What

❷ It│'s about one hour ‖ **on the express.**
그곳은 │ 한 시간 거리예요 ‖ 고속도로로.(ECD1243)

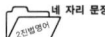

(border on~)

❹ Korea │ is bordered ‖ **on the north** ‖ by China.
한국은 │ 접해 있다 ‖ 북쪽에 ‖ 중국과.(ECD1250)

❹ Turkey │ borders ‖ **on Iran** ‖ to the east.
터키는 │ 경계를 이룬다 ‖ 이란과 ‖ 동쪽으로.

(give on~)

❹ │ Give ‖ a clipping ‖ **on the sides.**
│ 해 주세요 ‖ 조금 자르기 ‖ 양쪽 옆면 (머리카락) 을.(ECD608)

(look on~)

❹ The project facility │ will look ‖ **on the landscape** ‖ **from** various vantage.
그 계획 시설은 │ 보게 할 것이다 ‖ 그 지형 전망을 ‖ 여러 각도에서.

(part on~)

A : Where do you part your hair?
가르마를 어느 쪽에 탈까요?

B : ❹ │ Please part ‖ it ‖ **on the left** (side).
│ 타 주세요 ‖ 그걸 ‖ 왼쪽으로.(ECD608)

(swear on~)

❹ I resolve to quit smoking. │ │ swear ‖ it ‖ **on my mother's grave.**
담배를 끊을 거야. 단연코 그러고 말겠어.(EXD152)

시간

[~시간 1] 접근/부착 [사람 → 시간]

(접촉/부착)

❶ You｜'re (right) **on time**.
　　너는 ｜ (바로) 제 시간에 왔어.

❶ ｜ Be **on time** (be punctual).
　　｜ 시간 정시에 지켜라.

❶ Are you ｜ always **on time** (for appointment)?
　　너는 (약속) 시간을 잘 지키니?

❶ I ｜ was **on date**.
　　나는 ｜ 데이트를 했다.

❶ I｜'m **on break**.
　　난 ｜ 잠깐 쉬고 있어. (ECD721)

❶ He ｜ is **on a coffee break**.
　　그는 ｜ 짧은 휴식 중입니다.

❶ You ｜ are **on leave**.
　　너는 ｜ 정직 중이야.

❶ We｜'re **on vacation**.
　　우린 ｜ 휴가 중이야. (2HP45)

❶ He｜'s **on holiday** for two weeks.
　　그는 ｜ 2주간 휴가다. (EID615)

(arrive on~)

❸ He ｜ arrived ｜ **on time**.
　　그는 ｜ 도착했다 ｜ 정시에. (TEPS)

[❸] It appears unlikely [that we｜'ll arrive ｜ **on time**].

안될 것 같아 [우리가 ㅣ 도착하는 것은 ㅣ 정시에].

A : It's 7 o'clock. I wonder How late Mary's going to be?
7시야. 메리가 얼마나 늦을까?

B : Oh, you know Mary. ❸ She ㅣ never arrives ㅣ **on time**.
메리 잘 알잖아. 절대 제 시간에 안와.(TEPS)

(call on~)

[❸] I'm sorry [that I ㅣ didn't call ㅣ **on time**].
미안해요 [내가 ㅣ 전화하지 못해 ㅣ 정시에].

(get on~)

❸ He ㅣ got ㅣ **on time**.
그는 ㅣ 왔다 ㅣ 정시에.

(go on~)

❸ I ㅣ went ㅣ **on my first date**.
나는 ㅣ 갔어 ㅣ 처음 데이트에.

❸ I ㅣ 'm sixteen, ㅣ going ㅣ **on seventeen**.
나는 16살인데 곧 17세가 되요.(The Sound of Music)

❸ He ㅣ is going ㅣ **on seventy**.
그는 ㅣ 되어간다 ㅣ 칠십이.

❸ You ㅣ 're going ㅣ **on leave**.
너는 ㅣ 될 거야 ㅣ 휴직에.(BI)

(non-verb on~)

A : Where on earth have you ㅣ been?
넌 ㅣ 도대체 어디서 지냈니?

B : ❸ I ㅣ 've been abroad ㅣ **on vacation**.
난 ㅣ 해외에 있었어 ㅣ 휴가차.(ECD14)

네 자리 문장

(ask on~)

[❺] I'd like [ㅣ to ask ‖ you ㅣ **on a date**].
난 [당신께 데이트를 청하고] 싶어요.(ECD543)

(encourage on~)

❺ ㅣ Encourage ‖ her ㅣ to be **on time**.

| 촉구해라 ‖ 그녀를 | 시간을 지키게.

(get on~)

[「❻」] We have to hurry up [| to get ‖ to the meeting 「on time」.
정시에 모임에 도착하기 위하여 우리는 서둘러야 한다.

❼ We | didn't get | out of the meeting | on time.
우리는 회의장을 정각에 벗어나지 못했다.

❼ You | got | here | on time.
너는 | 도착했군 | 여기 | 제 시간에.(ECD489)

[❼] Do you want ‖ [| to get | here | on time]?
당신은 여기에 정각에 도착하기를 원하십니까?

(go on~)

[「❻」] I'm planning [| to go ‖ to England 「on holiday this year」.
나는 [올해 휴일에 영국으로 갈] 예정이다.(EID615)

A : ❼ Where did you | go | ∨ | on vacation?
너는 | 갔니 | 어디에 | 휴가 중?

B : To a resort.
‖ 유원지에.(ECD489)

(pay on~)

「❻」 You | didn't pay ‖ me 「on time.
너는 | 지불 않았다 ‖ 내게 「제 때에.(EXO301)

(stamp on~)

⟨❺⟩ Churchill is a man ⟨ who | stamped ‖ himself | on his age ⟩. 처칠은 ⟨ 그 시대에 큰 족적을 남긴 ⟩ 사람이다.(EPV228)

(take on~)

「❻」 The Durselys | had never taken ‖ him 「on any kind of holiday. 더즐리 가는 | 데려간 적이 없다 ‖ 그를 「휴가 갈 때에.(4HP73)

(wear on~)

A : 「❻ What are you | going to wear ‖ ∨ 「on your date?
넌 | 입으려고 하나 ‖ 무엇을 「데이트 할 때? *V=What

B : Do you have any idea?
무슨 좋은 생각 있니?(TEPS)

(turn on~)

⓫   Does my son | turn「in ‖ his homework | **on time**?
      내 아들이 | 합니까「제출 ‖ 숙제를 | 제 때에?(ECD636)

[~시간 2] 접근/부착[사물 → 시간]

(부착)

❶   The bus | is never **on time**.
      버스는 | 제때 오는 법이 없어.(ECD225)

❶   The offering | was **on Friday**.
      청약은 | 금요일에 했다.(Bre9)

❶   Tryouts | are **on Friday at five o'clock**.
      연습경기는 | 금요일 5시이다.(5HP224)

❶   It | was **on Monday**.
      그날은 | 월요일이었어.(1LR190)

❶   It | was well **on the evening**.
      | 너무 늦은 저녁시간이야.

❶   It |'s just **on 6 o'clock**.
      | 거의 6시에 가깝다.(MED)

(arrive on~)

❸   Will this plane | arrive | **on time**?
      이 비행기가 | 도착합니까 | 정시에?(ECD913)

(begin on~)

❸   The meeting | began | **on time**.
      회의는 | 시작했다 | 정시에?(EID627)

(come on~)

❸ Christmas | came | **on a Monday** that year.
크리스마스는 | 왔다 | 월요일에 그해는.

(fall on~)

❸ The Children's Day | falls | **on a Sunday.**
어린이날은 | 맞떨어진다 | 일요일에.

(leave on~)

A : ❸ Will this flight | leave | **on time**?
이 비행기 | 떠나요 | 정시에?

B : Yes. It's (due) on schedule.
네. 예정시간대로 갑니다.(ECD902)

(non-verb on~)

❸ My best wishes | are with you | **on your birthday.**
귀하의 생일을 축하 합니다.(ECD601)

(fall on~)

❻ My birthday | falls | **on a Sunday** ‖ this year.
내 생일은 | 온다 | 일요일에 ‖ 올해는.

(get on~)

❼ The boat | got | in | **on time.**
배는 정각에 입항했다.

(have on~)

❺ Do sports | have ‖ any real effect | **on your daily life**?
운동경기가 | 있느냐 ‖ 실제 효과가 | 일상생활에?(TAT72)

(make on~)

❺ I | can't make ‖ it | **on Saturday.**
난 | 할 수 없어 ‖ 그걸 | 토요일에.(ECD472) *토요일에 안돼.

❺ I | can make ‖ it | **on time.**
난 | 할 수 있어 ‖ 그걸 | 정시에. *정시에 도착한다.

시간 짝수형

[~시간] 접근/부착 [사람·사물 → 시간]

(book on~)

❷   All flight to La | are booked ‖ **on the 22nd.**
22일자 LA 비행기는 모두 예약되었습니다.(TEPS)

(born on~)

A : When were you born?
언제 태어났습니까?

B : ❷ I | was born ‖ **on October 16th,** 2005.
2005년 10월 16일 출생했습니다.

(decide on~)

A : ❷ Have you | decided ‖ **on a date** for the picnic?
피크닉 날짜를 정하셨어요?

B : It'll be on May 17th.
5월 17일에 있을 겁니다.(ECD773)

(non-verb on~)

❷   This ticket | is valid ‖ **on the day** of issue only.
이 표는 | 유효하다 ‖ 발행일 당일만.(EXD240)

(call on~)

❹   She tells him, " | Call ‖ me ‖ **on the hour!**"
그녀는 그에게 말한다. "매시간마다 나한테 전화해!"(EID622)

(come on~)

A : ❻ Why don't you | come | over for dinner ‖ **on Thursday?** 목요일 저녁 식사하러 오실래요?

230 50키워드영어 ON

B : Sorry, I have other plans.
미안하지만 다른 계획이 있어요.(TEPS)

(go on~)

❹ Do you | go ‖ to church ‖ **on Sundays?**
당신은 | 갑니까 ‖ 교회에 ‖ 일요일에 [마다]?

(leave on~)

❹ Juliet's fiance | left ‖ her ‖ **on the eve of their wedding day.**
줄리엣 약혼자는 | 떠났다 ‖ 그녀를 ‖ 결혼식 전날 밤.(EID621)

(give on~)

A : Dick, about that money I loaned you...
딕 네게 빌려준 돈 말인데...

B : Don't say it! ❿ I |'ll give ‖ it | back to you ‖ **on Friday.** 더 이상 말하지 마! 금요일에 갚을 테니까.(EXD264)

(invite on~)

A : ❽ May I | invite ‖ you ‖ to dinner ‖ **on Saturday?**
당신을 토요일에 식사 초대해도 될까요?

B : What's the occasion?
무슨 일이 있나요?(EXD21)

~명사외의 것

[~비정형절 홀수형]

(~에 관해)

❶[❷] All my books | are **on** [**how to improve** your marriage].
내 책은 모두 | [어떻게 결혼을 향상시키는 방법]에 관한 것이다.

❶[❸] The primary focus | is **on** [**becoming** overly muscular].
최대 초점은 | [과도하게 근육형이 되는 것]에 관한 것이다.

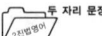

(concentrate on~)

❸[❹] Her books | concentrate | **on** [**how to create** beautiful artwork using ordinary objects].
그녀의 책들은 | 치중하여 다룬다 | [통상적인 물건을 사용하여 아름다운 공예품을 만드는 것]에 관해.

(set on~)

❸[❸] My heart | is set | **on** [**getting** married].
내 마음은 | 두어 있다 | [결혼하는 데]에.(EXD416)

(carry on~)

❺[❷] Do you | carry ‖ books | **on** [**how to play** golf].
당신은 | 있습니까 ‖ 책들이 | [골프를 치는 방법]에 관한?(ECD876)

(have on~)

❺[「❻」] I | have ‖ a fantastic idea | **on** [**how to spend** our time together].
나는 | 있다 ‖ 멋진 생각이 | [어떻게 함께 시간을 보낼지에 대한].(ECD543)

(set on~)

❺[❸] I | have set ‖ my heart | **on** [**becoming** a boxer].
난 | 두었다 ‖ 내 마음을 | [권투선수가 되는 데]에.(EXD416)

❺[「❺] I | have set ‖ my heart | **on** [**setting** up a school].
난 | 두었다 ‖ 내 마음을 | [학교를 하나 세우는 데]에.(EXD416)

[~비정형절 짝수형]

(calculate on~)

❷[❷] We | cannot calculate ‖ **on** [**his** (him) helping us].
우리는 | 기대할 수 없어 ‖ [그가 우리를 도우는 것] 에.

(decide on~)

❷[❷] We | can't even decide ‖ **on** [**how to** save the world].
우리는 | 결정조차 할 수 없다 ‖ [어떻게 세상을 구할 것인가] 에 관해.

(insist on~)

❷[❶] They | insisted ‖ **on** [**her** being there].
그들은 | 고집했어 ‖ [그녀가 그곳에 있는 출석하는 것]에.

❷[❶] He | insisted ‖ **on** [**his** being innocence].
그는 | 주장했어 ‖ [자기가 무죄함] 에 대해.

❷[❷] I | insist ‖ **on** [**paying** the full price].
내가 결단코 상당한 값으로 사리라.(1Ch21:24)

(hope on~)

❷[❸] He | hopes ‖ **on** [**becoming** a novelist].
그는 [어떻게든 소설가가 되겠다고] 희망했다.

(plan on~)

❷[❷] Are you | planning ‖ **on** [**touring** the U.S.]?
너는 | 계획하니 ‖ [미국 여행] 에 대해?

(rely on~)

❷[❶] You | may rely ‖ **on** [**his** being discreet].
너는 | 기대해도 돼 ‖ [그의 사려 분별한 것] 에.

(stick on~)

❷[❷] Bob | is stuck ‖ **on** [**buying** a new car {even though} he really can't afford one].
밥은 실제로 새 차를 살 여유도 없으면서 [새 차를 사겠다고] 고집을 피운다.(EID840)

(advise on~)

❹[❷] I | advised ‖ him ‖ **on** [**buying** the computer].
나는 | 조언했다 ‖ 그에게 ‖ [컴퓨터 사는 것] 에 대해.

(congratulate on~)

❹[❸] They | congratulated ‖ him ‖ **on** [**becoming** a father].
그들은 | 축하했다 ‖ 그에게 ‖ [아버지가 되는 것] 에 대해.

(insist on~)

❹[❹] I | insisted ‖ him ‖ **on** [**writing** something to his fans].
나는 | 고집했다 ‖ 그에게 [그의 팬에게 편지를 보낼 것을].

[~정형절 홀수형]

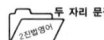

(~에 관해)

❷[❷] All our eyes | are **on** [**what** you'll do next].
모든 우리의 눈은 | [네가 다음 뭣을 할 것인가] 에 주목한다.

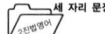

(bet on~)

[❸[❷]] Let's [| bet | **on** [**who**'s going to win the game]].
우리 [누가 경기를 이기는지 내기를 하도록] 하자.(ECD1155)

(fix on~)

❸[❷] My eyes | are fixed | **on** [**what** Joe is holding].
내 눈들은 | 고정되어 있다 | [조가 잡고 있는 것] 에.

(focus on~)

❸[❶] Our | eyes | are focused | **on** [**what** remains].
우리는 | 눈은 | 집중되어 있다 | [무엇이 남았는지] 에.

(fix on~)

❺[❶] We | fix ‖ our eyes | **on** [**what** is unseen].
우리는 | 고정한다 ‖ 눈을 | [보이지 않는 것] 에. (2Co4:18)

(get on~)

❼[❷] We | can't get | along | **on** [**what** you earn].
우리는 [네가 버는 돈 가지고는] 살 수 없어. (NQE)

[~정형절 짝수형]

(decide on~)

❷[❹] I | can't decide ‖ **on** [**what** I'd like to do for vacation this year]. 나는 | 결정할 수 없어 ‖ [올해 휴가에 무엇을 할지] 에 대해.

(depend on~)

❷[❷] It | depends ‖ **on** [**how** you look at it].
그것은 | 의존해 ‖ [네가 그것을 어떻게 보느냐] 에.

❷[❷] Everything | depends ‖ **on** [**what** he does].
모든 것이 | 달려있어 ‖ [그가 무엇을 하느냐] 에.

❷[❸]&[❷] [How well you do in America] | depends **on** ‖ [**where** you go] and [**who** you know].
[미국서 네가 잘 사는지] 는 | 달려 있어 ‖ [어디를 가는지] 와 [누구를 아는지] 에.

❷[❷] Our success | depends ‖ **on** [**whether** he will help us or not]. 우리의 성공은 | 의존해 ‖ [그가 우리를 도와주느냐 아니냐] 에.

(reflect on~)

❷[❷] I | 'll reflect deeply ‖ **on** [**what** I have done].

난 | 반성하겠어요 ‖ [제가 한 일] 에 대해.(ECD146)

(start on~)

❷[❼] I | haven't started ‖ **on** [**what** he gets up to at school].
난 | 시작하지 않았다 ‖ [그가 학교에서 한 일] 에 대해.(5HP149)

(turn on~)

❷[❷] My future | turns ‖ **on** [**whether** I can pass this exam or not]. 내 미래는 | 달려 있어 ‖ [내가 이 시험을 통과하는 것] 에.

(ask on~)

❹[❶] He | asked ‖ him ‖ **on** [**whether** his mother and daughter should be spared].
그는 | 물었다 ‖ 그에게 ‖ [그의 모친과 딸을 살려 주는 지] 에 대해.

(tell on~)

❹[❸] The police | told ‖ him ‖ **on** [**what** charges he was being held].
경찰이 | 말했다 ‖ 그에게 ‖ [그가 무슨 혐의로 잡혀 있는지] 에 대해.

기타 용법

[형용사적 수식어]

1. ~사람·조직

⟨ ⟩   a reporter ⟨ **on the New York Times staff** ⟩.
⟨ 뉴욕타임즈지(紙) ⟩ 기자.

⟨ ⟩   a nurse ⟨ **on the hospital staff** ⟩.
⟨ 병동 직원의 ⟩ 간호원.

1a ~신체

⟨ ⟩   a scar ⟨ **on the face** ⟩.
⟨ 얼굴의 ⟩ 상처.

⟨ ⟩   a rash ⟨ **on my back** ⟩.
⟨ 내 등의 ⟩ 발진.

⟨ ⟩   an expensive watch ⟨ **on his left hand** ⟩.
⟨ 왼 손에 찬 ⟩ 고급 시계 한 개.(YAD7)

⟨ ⟩   a ring ⟨ **on her finger** ⟩?
⟨ 그녀 손가락에 낀 ⟩ 반지.

⟨ ⟩   The skin ⟨ **on my hand** ⟩ is chapped.
⟨ 손 ⟩ 피부가 텄다.(ECD282)

2. ~물건

⟨ ⟩   a painting ⟨ **on canvas** ⟩.
⟨ 캔버스에 그린 ⟩ 그림.

⟨ ⟩   legs ⟨ **on a chair** ⟩.
⟨ 의자 ⟩ 다리.

< >   beads 〈 **on a string** 〉.
       〈 줄에 달린 〉 염주알.

< >   a tag 〈 **on the package** 〉.
       〈 꾸러미에 붙어 있는 〉 꼬리표.

< >   a bird 〈 **on the wing** 〉.
       〈 날고 있는 〉 새.

< >   a duty 〈 **on imported goods** 〉.
       〈 수입품에 매기는 〉 과세.

< >   a comedy show 〈 **on the radio** 〉.
       〈 라디오에 나오는 〉 희극 쇼.

< >   The stain 〈 **on this shirt** 〉 didn't come out.
       〈 이 셔츠의 〉 얼룩이 안 빠졌어요.(ECD618)

< >   The battery 〈 **on my cellphone** 〉 is dead.
       〈 휴대폰 〉 배터리가 나갔어.(TEPS)

< >   Could you show me the Central Park 〈 **on this map** 〉?
       〈 이 지도의 〉 센트럴 공원을 알려 주시겠어요?(ECD393)

< >   Hand me the book 〈 **on the table** 〉.
       〈 테이블의 〉 책을 건네줘.

< >   Boy, Don't bang on the keys 〈 **on the piano** 〉.
       애야, 〈 피아노의 〉 건반을 두드리지 마라.(ECD633)

< >   The instant message 〈 **on her computer** 〉 from Franz was terrifying?   프란즈가 〈 그녀 컴퓨터에 〉 방금 보낸 메시지는 무서운 것이었다.(YAD1)

< >   I want a ticket 〈 **on the earliest train to new York** 〉.
       나는 〈 뉴욕행 가장 이른 기차 〉 표를 원해요.(ECD234)

< >   Mr. Levine, pick up the phone 〈 **on line one** 〉, please.
       레빈 씨, 〈 1번 〉 전화 받아 보세요.(ECD644)

< >   Have you reserved a seat 〈 **on the train** 〉?
       당신은 〈 기차 〉 좌석을 예약하였나요?(ECD236)

A :   How long is the warranty?
       보증기간은 얼마나 됩니까?:

B :   〈 〉 We|'ll give you a full warranty 〈 **on this product** 〉 for 3 years.   이 제품은 3년간 완전 보증이 됩니다.(ECD790)

3. 관념 · 활동

⟨ ⟩　　a policeman ⟨ **on duty** (guard)⟩.
　　　　⟨ 당직 (경계) 중인 ⟩ 경관.

⟨ ⟩　　a doctor ⟨ **on call** ⟩.
　　　　⟨ 왕진 중인 ⟩ 의사.

⟨ ⟩　　an authority ⟨ **on astronomy** ⟩.
　　　　⟨ 천문학의 ⟩ 권위자.

⟨ ⟩　　a book ⟨ **on chemistry** ⟩.
　　　　⟨ 화학 ⟩ 책. *about 보다 학문적인 경우.

⟨ ⟩　　a talk ⟨ **on international relations** ⟩.
　　　　⟨ 국제관계에 관한 ⟩ 화제.

⟨ ⟩　　views ⟨ **on public matters** ⟩.
　　　　⟨ 공공업무에 관한 ⟩ 견해들.

⟨ ⟩　　travel ⟨ **on business** ⟩.
　　　　⟨ 사업상 ⟩ 여행.

⟨ ⟩　　the border ⟨ **on absurdity** ⟩.
　　　　⟨ 불명확한 ⟩ 경계.

⟨ ⟩　　He wrote a book ⟨ **on** alchemy ⟩.
　　　　그는 ⟨ 연금술에 관한 ⟩ 책을 썼다.

⟨ ⟩　　I'd like to have some information ⟨ **on** room rates ⟩.
　　　　⟨ 숙박료에 대한 ⟩ 정보를 알고 싶어요.(ECD378)

4. 장소 · 위치

⟨ ⟩　　a cat ⟨ **on the roof** ⟩.
　　　　⟨ 지붕 위의 ⟩ 고양이.

⟨ ⟩　　a fly ⟨ **on the ceiling** ⟩.
　　　　⟨ 천장에 앉아 있는 ⟩ 파리.

⟨ ⟩　　dust ⟨ **on the floor** ⟩.
　　　　⟨ 마룻바닥의 ⟩ 먼지.

⟨ ⟩　　a picture ⟨ **on the wall** ⟩.
　　　　⟨ 벽에 걸려 있는 ⟩ 그림.

⟨ ⟩　　a handle ⟨ **on the door** ⟩.
　　　　문의 손잡이.

⟨ ⟩　　the words ⟨ (written) **on the blackboard** ⟩.
　　　　⟨ 칠판에 쓰인 ⟩ 말.

⟨ ⟩　　the march ⟨ **on Washington** ⟩.
　　　　⟨ 워싱톤으로의 ⟩ 행진.

⟨ ⟩　　an attack ⟨ **on the fortress** ⟩.
　　　　⟨ 그 요새에 대한 ⟩ 공격.

⟨ ⟩　　a house ⟨ **on 19th Street** ⟩.
　　　　⟨ 19번가의 ⟩ 집.

⟨ ⟩　　the houses ⟨ **on the road** ⟩.
　　　　⟨ 도로를 따라서 있는 ⟩ 집들.

⟨ ⟩　　a house ⟨ **on the lake** ⟩.
　　　　⟨ 호수에 면한 ⟩ 집.

⟨ ⟩　　a town ⟨ **on the coast of Trinidad** ⟩.
　　　　⟨ 트리니다드 해안에 연한 ⟩ 읍.

⟨ ⟩　　the countries ⟨ **on the Pacific** ⟩.
　　　　⟨ 태평양 연안의 ⟩ 여러 나라.

⟨ ⟩　　a town ⟨ **on the border** ⟩.
　　　　⟨ 국경에 연한 ⟩ 읍.

⟨ ⟩　　drinks ⟨ **on the house** ⟩.
　　　　⟨ 주인이 공짜로 제공하는 ⟩ 술.

⟨ ⟩　　The traffic ⟨ **on this street** ⟩ is heavy.
　　　　⟨ 이 거리의 ⟩ 교통량이 많아요.(ECD259)

⟨ ⟩　　Straighten out the mess ⟨ **on top** ⟩, please?
　　　　⟨ 윗머리 ⟩ 헝클어진 것을 정돈해 주시겠어요?(ECD607)

⟨ ⟩　　What's⌟ this stuff ⟨ **on the floor** ⟩?
　　　　⟨ 마루 바닥에 붙어있는 ⟩ 이것은 ㅣ 무엇이니?(ECD1205)

⟨ ⟩　　She had no idea that this was going to be her last day ⟨ **on earth** ⟩.

그녀는 이 날이 〈 지구상에서 〉 그녀의 마지막 날이 되리라는 것을 몰랐다〈YAD1〉

A : What kind of room do you want?
　　어떤 방을 원하십니까?

B : 〈 〉 May I have a room 〈 **on the third floor** 〉?
　　〈 3층의 〉 방을 주시겠습니까?(ECD385)

5. 시간

〈 〉　just before noon 〈 **on Tuesday** 〉.
　　〈 화요일 〉 정오 직전.

6. 비정형절

〈 〉　Where are books 〈 **on how to drive** 〉?
　　〈 운전에 관한 〉 책이 어디 있나요?(ECD877)

[부사적 수식어]

1. 관념 · 활동

∥　**on** my word of honor.
　　명예를 걸고 말하지만, 맹세코.

∥　**on** account of old age.
　　노령 때문에.

∥　**on** pain of death.
　　위반하면 사형에 처한다는 조건으로.

∥　**on** the quiet.
　　남몰래.

∥　**on** the bias.
　　비스듬히; 비뚤어져서.

∥　**on** this occasion.
　　이 기회에.

∥　**On** her death, her house was sold.
　　그녀가 죽자, 그녀의 집이 팔렸다.(MED)

∥　**On** second thought, I changed my plan.
　　다시 생각한 끝에, 나는 계획을 변경했다.

2. 장소 · 위치

(∥)　Where (∥ **on earth**) have you ｜ been?
　　넌 (도대체) 어디서 지냈니?(ECD14)

3. 시간

∥　**on** Sunday.
　　일요일에.

∥　**on** a weekend.
　　주말에.

∥　**on** New Year's Day.
　　정월 초하루 [설날] 에.

∥　**on** the 3rd of January; **on** January 3rd.
　　1월 3일에.

∥　**on** the morning [night] **of** the 5th.
　　5일 아침 [밤] 에.

∥　**on** the following [previous] day.
　　그 이튿날 [전날] 에.

∥　just **on** three years ago.
　　3년쯤 전에.

∥　**on** and after April 1.
　　4월 1일 이후로.

3. 비정형절

❶[❷] ‖ **On** [**entering** the room], she saw him.
[방에 들어가] 면서, 그녀는 그를 보았다.

❶[❸] ‖ **On** [**arriving** (or my arrival) in Seoul], I called on him. [서울에 도착] 하자마자, 나는 그를 방문했다.

❶[❻] ‖ **On** [**going** into a dark room from the light] we see very little.
[밝은 곳에서 어두운 방으로 들어간] 직후 거의 눈이 보이지 않는다.

[명사 부속어]

- He was **facedown** • **on** the gravel.
  그는 자갈밭에 얼굴을 아래로 했어.

- He ain't **much** • **on** details.
  그는 자세하게 말하지 않았어.

- It's **8 o'clock** • **on** the dot.
  8시 정각이다.

A : What's your gas mileage?
  당신 차의 연비는 얼마입니까?

B : About **25 miles per gallon** • **on** the freeways and **20 miles per gallon** • **on** the city street.
  고속도로에서는 갤런당 25마일 정도, 시내에서는 20마일 정도입니다.

[**복합명사구**]

1. 물건

- **millions on millions** of stars.
  무수히 많은 별.

2. 관념 · 활동

- **heaps on heaps.**
  쌓이고 쌓여, 중첩하여.
- **ill-luck on ill-luck.**
  거듭되는 불운.
- **white-on-white** violence.
  백인 대 백인간의 분쟁.

- **Loss on loss** discouraged him.
  거듭되는 손해가 그의 기를 꺾었다.
- Bush has heaped **error on error**, creating problems and then proceeding to compound those problems.
  부시는 실수에 실수를 거듭했다. 문제들을 만들고 그 문제들을 복잡하게 진행하면서.
- The matchups were **one on one** and **toe to toe**.
  그 시합은 일대일로, 발꿈치끼리 붙는 것이야.
- He spent many hours in **one-on-one** debate.
  그는 많은 시간을 1대 1 토론에 보냈다.

[예문출처]

■ 성경

New International Version Bible : 별도 표시 없는 경우
King James Version Bible(**KJ**)

■ 소설 · 희곡

J. K. Rowling, Harry Porter(**HP**) 1~7권, Scholastic, 1997~2007
J. R. R. Tolkien, The Hobbit(**Ho**), Balatine, 1937
J. R. R. Tolkien, The Lord of the Rings(**LR**) 1~3권, Balatine, 1965
C. S. Lewis, The Chronicles of Narnia(**CN**), 1982
Boris Pasternak, Doctor Zhivago(**Zhi**), Phanteon, 1957
Shakespeare, Hamlet(**Ham**), Macbeth(**McB**) Romeo and Juliet(**R&J**), Julius Caesar(**JC**) 이상 조은문화사
Shakespeare, The Taming of the Shrewd(**TOS**), A Midsummer Night's Dream(**MND**), Twelfth Night(**TN**), The Tempest(**Temp**) 이상 A Signet Classic
Shakespeare, Antony and Cleopatra(**A&C**), As You Like It(**AYLI**) Henry V(**HV**), King Lear(**KL**), Much Ado About Nothing (**MAAN**) 이상 Penguin Books
Jane Austen, Emma(**Em**), Penguin Books, 1994
Jennifer Basset, William Shakespeare(**WS**), Oxford Univ. Press, 2000
John Grisham, The Bretheren(**Bre**), Dell Publishing, 1996
John Grisham, The Client(**Cli**), Dell Publishing, 1993
John Grisham, The Firm(**Fm**), Dell Publishing, 1991
John Grisham, The Partner(**Pt**), Dell Publishing, 1997
John Grisham, The Pelican Brief(**Pel**), Dell Publishing, 1992
John Grisham, The Runaway Jury(**RJ**), Dell Publishing, 1996
John Grisham, The Summons(**Sum**), Dell Publishing, 1989
John Grisham, A Time To Kill(**TTK**), Dell Publishing, 1989
John Grisham, The Testament(**Tes**), Dell Publishing, 1999
Tom Clancy,　The Cardinal of the Kremlin(**CaKr**), Berkley 1989
Tom Clancy,　Clear and Present Danger(**CPD**), Berkley 1989
Tom Clancy,　Debt of Honor(**DOH**), Berkley 1989
Tom Clancy,　Executive Orders(**EXO**), Berkley 1989

Tom Clancy, Hunt for Red October(**HBO**), Berkley 1986
Tom Clancy, Rainbow Six(**RbS**), Berkley 1999
Tom Clancy, Red Storm Rising(**RSR**), Berkley 1987
Tom Clancy, Patriot Games(**PatG**), Berkley 1987
Dean Kunts, Strange Highways(**StH**), Warner, 1995
Dean Kunts, Fear Nothing(**FN**), Bantam Book 1998
Stephen King, Insomnia(**Ins**), Signet, 1984
Sidney Sheldon, Are You Afraid of the Dark(**YAD**), Warner 2004
Larry Bond, Red Phoenix(**RP**) Warner 1989
Michael Crichton, Spehere(**Sph**), Balentine Books, 1987
Lewis Carroll, Alice in Wonderland(**AIW**)
John Darton, Neanderthal(**Nea**), St Martin's 1996
Dan Brown, The Da Vinci Code(**DVC**), Doubleday 2003
James Lincoln Collier, My Brother Sam is dead(**MBS**),Scholastic
Lewis Carrol, Alice's Adventures in Wonderland(**AAW**), BlackCat
Charles Dickens, A Christmas Carol(**CC**), Cideb, 1996

■ 교재

ScottForesman ESL(**ESL**) 1~8
Longman Classics, King Arthur(**KA**), (주)문진당, 1987
Antoine De Saint-Exupery, THe Little Prince(**TLP**), 조은문화
Samuel Beckett, Waiting for Godot(**WG**), 시사영어사
Pearl Buck, Letters From Peiking(**LFP**), 시사영어사
Miguel De Cervantes, Don Quixote(**DQ**), 시사영어사
Charles Dickens, Oliver Twist(**OT**), 시사영어사
Charles Dickens, A Tale of Two Stories(**TTS**), 시사영어사
George Eliot, Silas Marner(**SM**), 시사영어사
O. Henry, O. Henry's Short Stories(**OHS**), 시사영어사
Stefan Martin, Aesop's Fables(**AF**), 시사영어사
Sir Walter Scott, Ivanhoe(**Iva**), 시사영어사
Harriet Stowe, Uncle Tom's Cabin(**UTC**), 시사영어사
Jonathan Swift, Gullivers's Travels Lilliput(**GTL**), 시사영어사
Jonathan Swift, Gullivers's Travels Brodbdingnag(**GTB**), 시사영어사

Mark Twain,　The Adventures of Tom Sawyer(**ATS**), 시사영어사
Mark Twain,　The Prince and the Pauper(**P&P**), 시사영어사
Oscar Wilde,　The Happy Prince(**THP**), 시사영어사
Tennessee Williams, A Streetcar Named Desire(**SND**)시사영어사
시사영어사, The Arabian Nights(**AN**), 1998
시사영어사, The Old Man and the Sea(**O&S**), 1996
시사영어사, The Old Man and the Sea(**O&S**), 1996
시사영어사, Selected Modern English Poems(**MEP**) 1986
시사영어사, AFKN Drama(**FND**) 1~10, 1986
서현주외 2, 유아영어(**BE**), 한울림, 2001
Jacquelin Reinach, Sweet Pickles Series(**SPS**), 1978
서울대, 조선일보사, 각 TEPS 문제집

■ 사전
Collins Cobuild English Dictionary(**CED**), 2000
Oxford Advanced Learner's Dictionary(**OAD**), 2000
Oxfords Dictionary of Phrasal Verbs(**OPV**) 1993
Longman Language Activator(**LLA**), 1995
NTC's Dictionary of Phrasal Verbs(**NPV**) 1993
Webster's New Collegiate Dictionary(**WCD**), 1995
College Lighthouse English-Japanese Dictionary(**EJD**), 2000
DONG-A'S Prime English-Korean Dictionary(**DED**), 2000
Minjung's Essence English-Korean Dictionary(**MED**), 1991
Si-sa Elite English-Korean Dictionary(**SED**), 1990
Tom Cho, English Ediom Dictionary(**EID**), 넥서스, 2001
C. Barnard, English Phrasal Verb Dictionary(**EPV**), 넥서스, 2004
Shin Jae-Yong, English Expression Dictionary(**EXD**), 넥서스, 2001
박양우, 실용영어회화사전(**ECD**), 민중서관, 2003

■ 문법서
The Oxfords Dictionary of English Grammar(**ODEG**), 1994
Longman Grammar of Spoken and Written English(**LGSW**),1999
Longman English Grammar(**LEG**), 1992

네오퀘스트, 동사를 알면 죽은 영어도 살린다(**NQE**), 김영사, 2000
이기동, 영어전치사 연구(**EPL**), 교문사, 2005
이준호, 6개의 마법동사로 끝내는 영어(**SMV**) 넥서스 2005

■ 시사잡지

Newsweek(**NW**), Financial Times(**FT**), CNN News(**CNN**)

■ 스크린잉글리시(예술미디어), 스크린영어(스크린), 캡션스터디(오월상사), 시네마잉글리시(홍진기획), 스크린플레이(스크린영어사), 영화로 배우는 영어(언어세상)에서 인용한 것
Ben-Hur(**BH**), Casablanca(**Cas**), Die Hard with a Vengeance (**DHV**), Disclosure(**Dis**), The Distinguished Gentleman(**DG**), Gone with the Wind(**GWW**), Good Will Hunting(**GWH**), Guarding Tess(**GT**), For Whom the Bell Tolls(**FWBT**), Forrest Gump(**FG**), Free Willy(**FW**), The Great Gastby(**GG**), It Could Happen to You(**IHTY**), Independence Day(**Ind**), Kramer v. Kramer(**K&K**), Legends of the Fall(**LOF**), Murder in the First Degree(**MFD**), Nobody's Fool(**NF**), Out of Africa(**OOA**), The Pelican Brief(**PB**), Roman Holiday(**RH**), The Shogun(**Sho**) Shawshank Redemption(**SR**), Speed(**Spe**), Star Wars(**SW**), Ten Commandments(**TC**), The Truman Show(**TS**), With Honors(**WH**), While You are Sleeping(**WYS**)

■ 인용례 표시

Ge19:9   Bible Genesis 19장 9절에서 인용함을 나타냄.
1HP5   Harry Porter 1권 5면을 나타냄.
2LR5   The Lord of the Rings 2권 5면을 나타냄.
나머지 인용 약자는 위 ( ) 부분 참조.
기타 사전류, 학술서의 예문은 출처표시를 별도로 하지 않음.